Dribbeln, Passen, Schießen

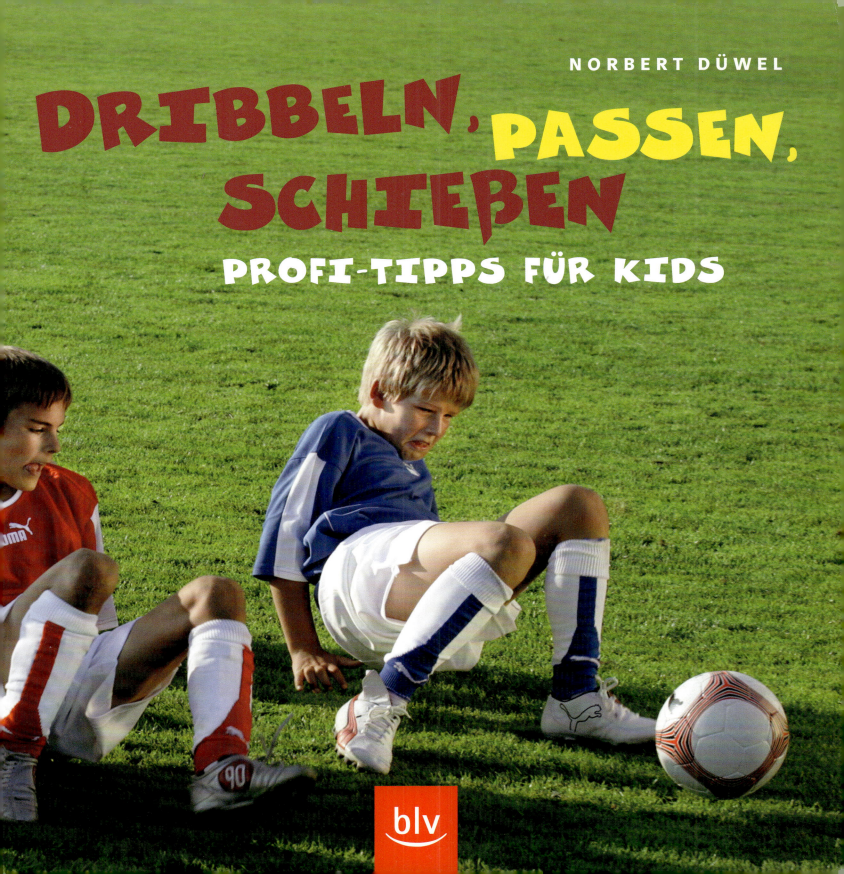

Inhalt

6 Vorwort

8 Fußball – ein faszinierender Sport
Grundgedanke des Spiels 10   Erste Formen des Fußballs 10
Der moderne Fußball entsteht 11

16 Die Ausrüstung
Eine gewisse Ausrüstung muss sein 18   Die richtigen Fußballschuhe 18
Nie ohne Schutzausrüstung 18   Sportbekleidung und sonstige Ausrüstung 19

22 Die Regeln im Fußball
17 Regeln: von »Abseits« bis »Zahl der Spieler« 24   Das Spielfeld 24
Der Ball 25   Zahl der Spieler und deren Ausrüstung 25   Der Schiedsrichter und seine Assistenten 26   Dauer des Spiels 27   Beginn und Fortsetzung des Spiels 30   Ball in und aus dem Spiel 30   Wie ein Tor erzielt wird 30   Abseits 31   Verbotenes Spiel und unsportliches Betragen 32   Freistöße und Strafstoß 32   Einwurf, Abstoß und Eckstoß 33

36 Erfolgreich trainieren
Was gehört zum Fußballtraining? 38

42 Technik
Grundsätze für das Techniktraining 44   Passen/Stoßen 45   Die Stoßarten 46   Dribbling/Fintieren 54   Ballkontrolle: Ballan- und mitnahme 56   Ballabnahme (Tackling) 64   Torschuss 68   Kopfballspiel 70

76 Taktik
Grundsätze für das Taktiktraining 77   Verschiedene Taktikarten 78   Spielsysteme 82

88 Kondition
Ausdauer 89   Kraft 90   Schnelligkeit 90   Beweglichkeit 92   Koordination 93

94 Anhang
Legenden des Fußballs und Stars von heute 96   Die erfolgreichsten Vereine der Welt 113   Fußball in Zahlen 115

Hallo, wir sind Nicola und Nico. Was wir am liebsten machen? Na klar, Fußball spielen. Deshalb können wir dir viele gute Tipps und Hinweise geben!

Specials
Geschichte des Frauenfußballs 14
Jugendfußball in Deutschland 20
Der lange Weg zum Fußballprofi 28
Deutsche Meisterschaft und DFB-Pokal 34   Europapokal und Champions League 74   Die großen Turniere des Weltfußballs 86

Liebe Mädchen und Jungen!

Ehrlich, offensiv, attraktiv – diese drei Schlagworte charakterisieren den Kinder- und Jugendfußball. Einen Sport, den alle – groß, klein, dick, dünn, jung und alt – ausüben können. Fußball ist Faszination und geht über alle Grenzen hinweg. Fußball verbindet und lässt Freundschaften entstehen. Bei der Weltmeisterschaft 2006 in Deutschland konntet ihr das sehr eindrucksvoll erleben. Menschen aller Kontinente, egal welcher Hautfarbe oder Religion, spielten und feierten vier Wochen lang friedlich miteinander. In diesen unglaublichen vier Wochen habt ihr vielleicht gesehen, wozu Fußball in der Lage sein kann. Die Zukunft des Fußballs liegt in euren Händen, oder vielmehr in euren Füßen. Der Wunsch nach einer großen Karriere im Fußball ist bei vielen von euch, egal ob Mädchen oder Jungen, seit der WM bestimmt noch viel, viel größer als vorher. Dies zeigen die enormen Zuwachszahlen in den Jugendabteilungen der Vereine. Seit den Tagen des »Sommermärchens« wollen noch viel mehr Kinder, so wie ihr auch, mit Leidenschaft, Begeisterung, Spaß und Freude üben wie ihre großen Vorbilder. Ihr dribbelt, schießt, übt und spielt, weil Fußball mehr für euch ist als ein Spiel. Es ist eure große Leidenschaft. Und genauso muss es sein. Ihr spielt Fußball wegen der Lust am Spiel und aus Freude am Mannschaftssport. Diese Hingabe, die in jedem Spiel, in jeder Bewegung auf und neben dem Feld bei euch zu beobachten ist, macht den Kinder- und Jugendfußball so sympathisch und sehenswert.

Ihr kennt noch keine Angst vor Niederlagen. Die pure Lust am Spiel ist es, die euch immer weiter vorantreibt. Das macht die Faszination dieser tollen Sportart aus. Ihr lebt mit eurer Unbekümmertheit noch den wahren Sinn des Fußballs: Ihr wollt Tore schießen. Langweilige 0:0-Spiele sind bei euren Begegnungen eher die Ausnahme. Ihr wollt euren Offensivdrang noch ohne feste taktische Fesseln voll ausleben, und das sollt ihr auch. Ihr wollt stürmen und sucht das Erfolgserlebnis – und für euch ist es das höchste Glück, wenn der Ball in den Maschen des Tores zappelt.

Fußball lebt von Emotionen und von magischen Momenten. Das haben Millionen von Fans bei der WM mehrere Wochen lang eindrucksvoll erlebt. Als Fußballspieler könnt ihr euch eure magischen Momente Woche für Woche auf dem Platz holen und das breite Spektrum der Spannung – von bitterer Enttäuschung bis zu ausgelassener Freude mit eurer ganzen Mannschaft teilen. Diese Erfahrung wirkt sich später positiv auf euer weiteres soziales Verhalten aus. Dies haben Untersuchungen von Wissenschaftlern gezeigt. Fußball lebt nämlich nicht von einer einzelnen Spielerin oder einem Spieler. Es ist immer ein Mit- und Gegeneinander zweier Teams. Ohne eure Mannschaftskollegen seid ihr nichts im Fußball. Spielsinn und

Seit der Fußballweltmeisterschaft 2006 in Deutschland erlebt der Kinder- und Jugendfußball einen unglaublichen Boom.

Verantwortungsgefühl gegenüber anderen findet ihr im Fußball als ideale Kombination von Wettkampf, Spiel und Spaß.

Nicht jeder von euch wird ein Schweinsteiger, Klose oder Ronaldinho werden. Nur wenigen ist eine große internationale Karriere vergönnt. Aber auch ohne den großen Ruhm kann euch der Fußball sehr viel für euer Leben geben.

Dieses Buch steht voll und ganz im Sinne des Kinder- und Jugendfußballs: Es ist abwechslungsreich, breit gefächert und interessant und bietet euch, die ihr der Faszination dieser Sportart erlegen seid, einen idealen Einstieg. Einen Überblick über die Geschichte des Fußballs, wichtige Daten zu den großen Turnieren des Weltfußballs und Porträts der größten Fußballspieler aller Zeiten findet ihr genauso wie einfache, übersichtliche und hilfreiche Tipps im Umgang mit dem Ball. Diese bilden den Schwerpunkt und werden zusätzlich durch zahlreiche sehenswerte Fotos gut veranschaulicht. Außerdem gibt es in diesem Buch zahlreiche Informationen für eine optimale Trainingsgestaltung. Es bietet euch die Möglichkeit, euch vertiefend mit der Materie auseinanderzusetzen. Ebenso könnt ihr euch aber auch in aller Kürze Inspirationen für eure nächste Trainingseinheit holen.

Ich wünsche Euch viel Spaß beim Lesen des Buches und beim Fußball spielen.

Euer Dieter Hecking
Bundesligatrainer bei Hannover 96

Fußball – ein faszinierender Sport

+ **Grundgedanke des Spiels**
+ **Erste Formen des Fußballs**
+ **Der moderne Fußball**

10

Grundgedanke des Spiels

 Einer der Gründe, warum Fußball als beliebteste Sportart der Welt gilt, ist die einfache Spielidee, die dahintersteckt.

Beim Fußball treten zwei Mannschaften gegeneinander an. Beide haben das Ziel, einen Ball in das gegnerische Tor zu befördern und das andere Team daran zu hindern, ein Tor zu erzielen. Wie der Name »Fußball« schon sagt, ist es beiden Mannschaften nur erlaubt, den Ball mit dem Fuß zu spielen. Eine Ausnahme sind die beiden Torhüter. Sieger ist die Mannschaft, die am Ende der Spielzeit mehr Tore erzielt hat.

Erste Formen des Fußballs

 Die Spielidee »Fußball« ist keine Erfindung unserer Neuzeit. In seiner ursprünglichsten Form lässt sich das Spiel bis in frühe Hochkulturen der Menschheit zurückverfolgen, wobei es sich in mehreren Ländern der Erde unabhängig voneinander entwickelte. In China kannte man bereits um 2700 v. Chr. das sogenannte »Tsùhkü«, was so viel wie »Stoßball« bedeutet und als ältestes Fußballspiel der Welt gilt. Eine ähnliche Erscheinungsform des Fußballs trat etwa zur selben Zeit in Mittelamerika im Reich der Azteken auf. Das sogenannte »Ulama«, bei dem zwei Mannschaften mit jeweils 2–7 Spielern antraten, hatte interessanterweise überwiegend kultischen Charakter. Man wollte damit eine Verbindung zu den Göttern und zum Jenseits herstellen. Das Spielergebnis wurde als Offenbarung des göttlichen Willens gedeutet. Ähnlichkeiten mit dem heutigen Fußballspiel waren durchaus vorhanden, jedoch war es eher ein Geschicklichkeitswettbewerb.

Football – ein Raufspiel mit Ball

Im Mittelalter entwickelten sich in Italien, Frankreich und England viele verschiedene Formen des Fußballspiels. So spielten in Italien die Adeligen ihr »Calcio Fiorentino«. Dieses Spiel stand im Zeichen der körperlichen Ertüchtigung, diente aber gleichzeitig als Bühne, auf der die Tugenden der Reichen und Vornehmen zur Schau gestellt wurden. In Frankreich wurde zur gleichen Zeit in Klöstern und Kirchen eine Art »Raufball« gespielt. In England entwickelt sich um das Jahr 1314 das Spiel »Football«, ein Massensport der einfachen Bevölke-

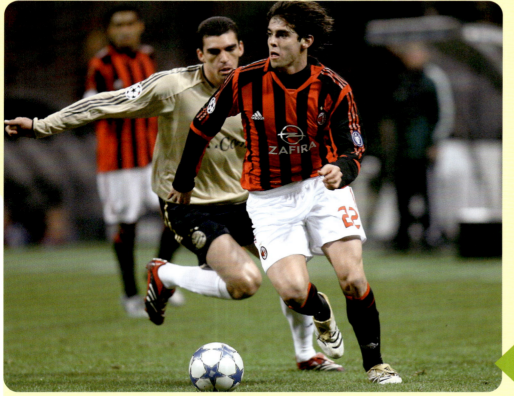

Die modernen Fußballregeln gehen auf ein Regelwerk aus dem 19. Jahrhundert zurück.

rung. Diese frühe Form des Fußballs war ein eher wildes und brutales Raufen zweier Mannschaften um einen Ball. Die Anzahl der Spieler war genauso wenig festgelegt wie die Spielfeldgröße und die Spielzeit. Außerdem durfte der Ball sowohl mit der Hand als auch mit dem Fuß gespielt werden. Warum dieses Spiel trotzdem als »Football« (Fußball) bezeichnet wurde, ist nicht genau bekannt. Möglicherweise bezog sich der Name auf die Größe des ausgestopften Spielballes. Dieser hatte einen Durchmesser von einem englischen Fuß (ca. 30 cm). Eine andere Vermutung begründet die Namensgebung damit, dass das Spiel zu Fuß und nicht wie damals üblich auf dem Pferderücken gespielt wurde. Grundsätzlich wurde Fußball nach ungeschriebenen Gewohnheitsregeln gespielt. Es gab noch kein allgemeingültiges Regelwerk, so wie wir es heute kennen. Aus diesem Grund wurde das Spiel von roher Kraft und Gewalt dominiert. Es kam immer wieder zu sehr schweren Auseinandersetzungen und teilweise erheblichen Verletzungen. Dies war auch der Grund dafür, dass »Fußballspiele« immer wieder von oberster Stelle verboten wurden.

Der moderne Fußball entsteht

Alle Verbote konnten aber nichts daran ändern, dass das Spiel im Laufe der Zeit immer mehr an Beliebtheit gewann. Ein grundlegender Wandel im Fußball vollzog sich dann in den Jahren 1750 bis 1840, und zwar in England. In dieser Zeit fand die sogenannte zweite Phase der Entwicklung des Fußballspiels statt. Sie war dafür verantwortlich, dass der Fußballsport sich dahin entwickelt hat, wie wir ihn heute kennen. Aus diesem Grund bezeichnet man England auch mit Recht als Mutterland des Fußballs. Ende des 18. Jahrhunderts wurde in den englischen »Public Schools« beispielsweise in Eton und Cambridge, das raue und brutale Spiel der einfachen Bevölkerung aufgegriffen und weiterentwickelt. Jede Privatschule hatte bald ihr eigenes Spiel mit eigenen Regeln und Bestimmungen. Eines hatten aber alle Spielarten gemeinsam: Sie waren sehr gewalttätig. Verantwortlich für die extreme Härte zeigte sich die Hierarchie in den Privatschulen. Die jüngeren Schüler wurden von den Älteren unterworfen. Sie wurden zuerst beim Fußball verprügelt und eingeschüchtert, um dann den Älteren zu dienen. Dem wollten einige engagierte Lehrer nicht länger zusehen, sie bemühten sich um feste Regeln, um dem bis dahin praktizierten zügellosen Raufspiel Grenzen zu setzen.

Erste schriftliche Regeln

Diese Bestrebungen führten schließlich dazu, dass im Jahre 1848 in Cambridge das erste schriftliche Regelwerk der Fußballgeschichte entstand. Die »Cambridge Rules« legten unter anderem fest, dass es nicht mehr erlaubt war, den Ball mit den Händen zu halten oder zu schlagen. Der englische Fußballverband nahm die »Cambridge Rules« als Grundlage und erarbeitete daraus 1863 sein erstes offizielles Regelwerk. In den ersten Jahren nach der Gründung des englischen Fußballverbandes und der Entstehung des ersten Regelwerkes, war das Fußballspiel noch ausschließlich den »Gentlemen« vorbehalten. Nur sehr zögerlich wurde auch den einfachen Leuten erlaubt, am Spielbetrieb teilzunehmen. Befürchtungen, dass das Spiel an Härte zunehmen könnte bewogen den Fußballverband im Jahre 1874, die ersten Schiedsrichter einzusetzen. Diese wurden dann vier Jahre später (1878) mit Schiedsrichterpfeife ausgerüstet.

Das Tor war geöffnet, Fußball konnte sich zu einem Massenphänomen entwickeln, das in seiner Verbreitung und Anziehungskraft bis heute ungebrochen und einmalig ist. Der moderne Fußball wurde zwar von jungen Männern aus dem Adel und dem Bürgertum entwickelt, Popularität erlangte er jedoch als Spiel der Arbeiter gegen Ende des 19. Jahrhunderts. Rund drei Viertel der englischen Bevölkerung gehörten dieser Schicht an. Die Menschen fanden in den zahlreichen Fußballvereinen, die in dieser Zeit entstanden, eine Art »Ersatzheimat«. Beim Spiel miteinander oder auch beim Besuch eines Spiels der eigenen Mannschaft entstanden Freundschaften, konnten Gemeinsamkeiten gepflegt werden. In Zeiten der industriellen Revolution, in der es für sehr viele Menschen nur die anonyme Arbeit in der Fabrik gab, stellte der Fußball eine willkommene Abwechslung dar.

12

Die alle vier Jahr stattfindende Weltmeisterschaft gehört für Spieler und Fans zu den sportlichen Höhepunkten im Fußball. Unvergessen ist bis heute die WM von 1954, bei der Deutschland Weltmeister wurde.

Zahlreiche Vereinsgründungen

Viele Vereine, die auch heute noch existieren, entstanden bereits zu dieser Zeit. Gegründet wurden sie aus Kirchengemeinden, wie zum Beispiel die berühmten Teams des »FC Everton« oder »Aston Villa«, oder auch als Kneipenmannschaften, wie beispielsweise die Clubs »Nottingham Forest« oder die »Blackburn Rovers«. Eine Vielzahl von Vereinen entwickelten sich auch aus dem Schulfußball, der einen enormen Anteil am Siegeszug des Spiels hatte. Fußballbegeisterte Schüler gründeten in Eigeninitiativen Straßen- und Wohnviertelmannschaften, aus denen zum Beispiel auch so berühmte Teams wie die »Tottenham Hotspurs« hervorgingen.

Die wachsende Zahl von Spielen erforderte bald eine zentrale Organisation. Aus diesem Grund wurde 1871 der Pokalwettbewerb eingeführt, der nach dem K.O.-System ausgetragen wurde. Die Begeisterung für den Fußball wuchs immer mehr, auch das Zuschauerinteresse stieg von Jahr zu Jahr an. Diese Entwicklung brachte 1888 zwölf Vereine dazu, eine professionelle Fußballliga zu gründen. Der Ligabetrieb garantierte eine feste Anzahl von Spielen und dadurch steigende Einnahmen durch Eintrittsgelder. Plötzlich ließ sich mit Fußball Geld verdienen. Die Folge war: Die Vereine konnten sich mehr und mehr bezahlte Berufsspieler leisten. Der Profifußball war geboren.

Von England aus, das im 19. Jahrhundert eine bedeutende See- und Handelsmacht war, wurde das Fußballspiel von Seefahrern, Studenten und Emigranten schnell in die restliche Welt gebracht, wo es seinen unbeschreiblichen Siegeszug fortsetzte. In Deutschland wurden die ersten Fußballmannschaften dort gegründet, wo englische Geschäftsleute und Studenten ansässig waren.

Ein wesentliches Zentrum des Fußballs entstand in der größten Stadt Deutschlands, in Berlin.

Deutscher Fußball-Bund (DFB)

Am 28. Januar 1900 schlossen sich schließlich 86 Vereine in Leipzig zum Deutschen Fußball-Bund (DFB) zusammen. Nun hatte man auch in Deutschland einen nationalen Fußballverband, der in der Lage war, eine Deutsche Meisterschaft zu organisieren. In Deutschland war es mit der Verbreitung des Fußballs ähnlich wie in England: Sie fand hauptsächlich durch die Schulen statt. Die Schüler waren es, die in ihrer Freizeit auf die Wiese zogen, um dort das neue Spiel zu spielen. Fußballplätze, wie wir sie heute kennen, gab es noch kaum und folglich wurde sehr viel improvisiert. So konnte es auch vorkommen, dass statt eines Balls ein zusammengenähter Stoffballen als Spielobjekt benutzt wurde. Viele Erwachsene konnten sich noch nicht mit diesem neuen Spiel anfreunden und die Turnlehrer an den Schulen hielten Fußball gar für eine lächerliche Sportart. Die Schüler waren also gezwungen, ihren Sport heimlich und in der Freizeit auszuüben. Dies konnte aber nichts an der steigenden Beliebtheit des Fußballs in Deutschland ändern. Mitverantwortlich dafür waren auch einige hochgestellte Persönlichkeiten, wie zum Beispiel der deutsche Kronprinz Wilhelm oder Prinz Friedrich Karl von Preußen (selbst ein aktiver Spieler), die dem Fußball sehr positiv gegenüberstanden und ihn auch förderten. Ein wichtiger Schritt war das Jahr 1910, als Fußball in die militärische Grundausbildung aufgenommen wurde. Nach dem Ende des Ersten Weltkriegs (1918) fand das Spiel dann offiziell Einlass in den Schulen.

Fußball wird zunehmend populär

Ab diesem Zeitpunkt wuchs die Anhängerschaft des Fußballs stetig. 1904 hatte der DFB etwa 10.000 Mitglieder, 1913 waren es bereits stolze 160.000, zwei Jahre nach Kriegsende, also im Jahre 1920, war die Zahl auf sensationelle 750.000 angestiegen. Ein weiteres Indiz für die wachsende Begeisterung waren die Zuschauerzahlen. Das erste Endspiel um die Deutsche Meisterschaft im Jahr 1903 verfolgten lediglich 2.000 Zuschauer, während zwanzig Jahre später schon 64.000 Zuschauer in Berlin Zeuge wurden, wie der »Hamburger SV« Deutscher Meister wurde.

Nico
Im Jahr 1888 wurde in Berlin der erste deutsche Fußballverein gegründet, der »Berliner Fußball Club Germania«. Dieser Verein existiert übrigens noch heute.

14 Special

Geschichte des Frauenfußballs

Die Zeiten, als Fußball noch »Männersache« war, sind lange vorbei.

Schon aus der Anfangszeit des Profifußballs in England wurde von Frauen berichtet, die zu Spielen in die Stadien gingen. Es dauerte dann auch nicht mehr lange und die ersten Frauen begannen, selbst gegen das Leder zu kicken. Bereits 1894 wurde die erste Frauen-Fußballmannschaft mit dem wohlklingenden Namen »British Ladies« gegründet und nur ein Jahr später fand das erste offizielle Frauenspiel statt. Zu diesem Spiel kamen unglaubliche 10.000 Zuschauer und es sah so aus, als könnte sich der Frauenfußball etablieren – doch tatsächlich war die Zeit noch nicht reif dafür. Viele Männer empfanden es als ein Ärgernis, Frauen in der Öffentlichkeit in kurzen Hosen zu sehen. Dies führte dazu, dass 1902 sämtliche Frauenfußballspiele verboten wurden. Schließlich war es der erste Weltkrieg, der dem Frauenfußball zu Hilfe kam. Denn während des Krieges wurde der Spielbetrieb in der englischen Profiliga eingestellt, was zu einer steigenden Beliebtheit des Frauenfußballs führte. Die Frauenspiele lockten eine Vielzahl an Zuschauern in die Stadien und die Einnahmen dienten vor allem wohltätigen Zwecken. Es wird berichtet, dass im Jahre 1920 ein Frauenfußballspiel in Liverpool vor der sagenhaften Kulisse von 53.000 Zuschauern ausgetragen wurde. Doch offensichtlich war diese enorme Begeisterung den Männern zu viel, denn nur ein Jahr später wurden Frauenspiele vom englischen Verband verboten.

Kampf um Anerkennung

In Deutschland entwickelte sich der Frauenfußball zwar erst später, aber im Grunde ganz ähnlich. Der Widerstand der Männer war groß. Fußball wurde als Sport angesehen, für den Frauen nicht geschaffen waren. Trotzdem wurde 1930 die erste deutsche »Damen-Fußballmannschaft« in Frankfurt gegründet. Ein Jahr später aber war das Unternehmen schon gescheitert und es sollte weitere 23 Jahre dauern, bis die Frauen einen erneuten Versuch unternahmen. Dies geschah im Jahr 1954, als Deutschland mit seinen Männern im »Wunder von Bern« das erste Mal Welt-

Frauenfußball wurde in Deutschland erst 1970 offiziell vom DFB erlaubt. Die Frauenbundesliga gibt es seit 1991.

meister wurde. Zum offiziellen Spielbetrieb waren Frauen jedoch vom DFB nicht zugelassen. Das war erst 1970 der Fall. Ab diesem Zeitpunkt durften Frauen Fußball spielen. Vier Jahre später wurde der erste Deutsche Meister ermittelt und seit 1981 gibt es zusätzlich einen offiziellen Pokalwettbewerb für Frauen.

Trotz seiner jungen Jahre zählt der Deutsche Frauenfußball zur absoluten Weltspitze. Sechs Europameistertitel, ein Vize-Weltmeistertitel 1995 und der Weltmeistertitel 2003 in den USA sind Beleg für die herausragende Stellung der deutschen Frauen im Weltfußball.

Neben den Deutschen sind es vor allem die USA, die den Weltfußball der Frauen dominieren. Mit zwei Weltmeistertiteln, 1991 und 1999, sowie zwei Olympiasiegen 1996 und 2004, stehen sie in der Statistik sogar noch vor den Deutschen. Kein Wunder, in den USA ist der Frauenfußball bei Aktiven und Zuschauern wesentlich beliebter als bei uns. In Deutschland kommen meist nur wenige hundert Zuschauer zu den Spielen der Bundesliga. Eine Ausnahme bildete ohne Zweifel das WM-Finale von 2003, das in Deutschland von etwa zehn Millionen Zuschauern an den Fernsehgeräten verfolgt wurde. Umso erfreulicher war, dass die Deutsche Frauennationalmannschaft dieses hochklassige Finale in der Verlängerung durch ein »Golden Goal« gewinnen konnte.

Auch wenn Fußball bei uns noch immer männlich dominiert wird, gibt es inzwischen zahlreiche Vereine, die eigene Mädchenmannschaften gründen. Und die Tendenz ist steigend: Immer mehr Mädchen spielen Fußball. In den vergangenen Jahren wurden Hemmschwellen und Vorurteile zum Thema »Mädchen und Fußball« abgebaut, nicht zuletzt durch das Engagement zahlreicher aktiver Fußballerinnen, aber auch durch Förderprogramme des DFB.

Ihren größten Erfolg erlebten die deutschen Fußballfrauen im Jahr 2003, als sie den Weltmeistertitel holten. Sie besiegten in einem packenden Endspiel die schwedische Frauennationalmannschaft.

Bis zur C-Jugend spielen Mädchen und Jungen gemeinsam.

Die Ausrüstung

+ **Eine gewisse Ausrüstung muss sein**
+ **Die richtigen Fußballschuhe**
+ **Nie ohne Schutzausrüstung**
+ **Sportbekleidung und sonstige Ausrüstung**

18

Eine gewisse Ausrüstung muss sein

Die Bedeutung der Ausrüstung hat in den letzten Jahren, nicht zuletzt durch Werbung und Sponsoren der großen Vereine, stetig zugenommen.

Die Produktpalette ist mittlerweile so weit gefächert, dass es für jeden Geldbeutel möglich ist, die notwendige Ausrüstung zu erwerben. Was man zum Fußball spielen braucht, ist im Regelwerk festgelegt: Fußballschuhe – Schutzausrüstung – Sportbekleidung und sonstige Ausrüstung.

Die richtigen Fußballschuhe

Die richtigen Fußballschuhe sind elementar wichtig. Deshalb solltest du dir beim Kauf darüber im Klaren sein, dass ein Fußballschuh vielen Anforderungen genügen muss: Er muss dir eine gefühlvolle Ballbehandlung erlauben, gut passen und für längere Laufstrecken geeignet sein. Im Handel gibt es eine ganze Reihe an Schuhen in verschiedensten Designs und Ausführungen, vom ausgesprochen teuren Schuh aus Känguruleder bis hin zum günstigen Kunstlederschuh. Wichtig ist auch der Einsatzbereich der Schuhe, denn es gibt für jeden Bodenbelag die passenden Schuhe mit den entsprechenden Sohlen. So kannst du beispielsweise Noppenschuhe kaufen, die als Allroundschuhe auf jedem Bodenbelag einsetzbar sind. Schraubstollenschuhe mit auswechselbaren Stollen eignen sich für tiefen Untergrund und Schneeböden und werden eigentlich nur im Wettkampf getragen. Multinoppenschuhe sind Spezialschuhe, die für das Spiel auf Hartplätzen, gefrorenen Spielflächen und auf Kunstrasenplätzen geeignet sind. In der Halle wiederum musst du mit speziellen Indoorschuhen spielen, die keine Stollen, sondern eine glatte helle Sohle haben.

Nie ohne Schutzausrüstung

Durch die zunehmende Athletik im Fußball hat sich auch das Zweikampfverhalten deutlich verändert. Schienbeinschoner sind ein unerlässlicher Bestandteil der Ausrüstung geworden und vom DFB in seinem Regelwerk für alle Spieler vorgeschrieben. Sie verhindern schwere Verletzungen, denn im Getümmel wird schon einmal das Bein des Gegners mit dem runden Leder verwechselt.

Die Fußballregeln schreiben für jeden Spieler eine Grundausrüstung vor: Neben Trikot und kurzen Hosen gehören dazu Stutzen, Schienbeinschoner und Fußballschuhe.

Sportbekleidung und sonstige Ausrüstung

Fast alle Fußballschuhe haben Sohlen mit Stollen, die dem Spieler mehr Halt auf dem Boden geben. Das ist zum Beispiel bei Nässe sehr wichtig. Nur in der Halle wird mit glatten Sohlen gekickt.

Im Spiel sind Trikot, Hose und Fußballstutzen vorgeschrieben, wobei die beiden Mannschaften verschiedene Farben tragen müssen. Die Bekleidung sollte sowohl für das Training als auch für den Wettkampf funktionell und den Witterungsverhältnissen angepasst sein. So gibt es langärmelige wie auch kurzärmelige Trikots. Beim Training kannst du bei schlechtem Wetter noch Trainingsanzug und Regenjacke anziehen. Eine komplette Fußballausrüstung beinhaltet noch eine Sporttasche, evtl. Ersatzstollen in unterschiedlichen Längen für die Stollenschuhe und einen speziellen Stollenschlüssel. Selbstverständlich sollte auch die Hygiene nicht zu kurz kommen: Duschgel, Handtuch und Deo dürfen in keiner Sporttasche fehlen.

Nicola
Wenn du Fußballschuhe kaufst, gehst du am besten in ein Fachgeschäft. Dort kann man dich fachkundig beraten und du hast eine große Auswahl.

Special

Jugendfußball in Deutschland

Im Jahr 2005 spielten ca. zwei Millionen Mädchen und Jungen aktiv Fußball im Verein.

Die Bundesliga mit ihren Profispielern steht an der Spitze der Pyramide – doch ohne eine intensive Jugendarbeit gäbe es keine Bundesliga! Die größten Talente aus dem Jugendfußball schaffen den Sprung in die Eliteklasse des Deutschen Fußballs und sind damit die wichtigste Basis für den späteren Profifußball. Dabei sind es nicht unbedingt die großen Bundesligisten wie der FC Bayern München oder Werder Bremen, die die Basis für Jugendarbeit in Deutschland bilden.

Engagierte Jugendarbeit im Verein

Vielmehr bringen viele kleine Vereine mit ihrer engagierten Arbeit große Talente hervor. So hat Philipp Lahm, der bei der WM 2006 einer der stärksten Spieler der Nationalmannschaft war, das Fußballspielen beim FT Gern München gelernt. Auch Sebastian Schweinsteiger, ebenfalls einer der WM-Helden, tat seine ersten Fußballschritte beim TV Oberaudorf, einem kleinen Dorfverein.

Seit einigen Jahren können Kinder und Jugendliche neben dem normalen Training im Verein auch noch in sogenannten Fußballcamps trainieren. Diese Camps sind so organisiert, dass die Kinder in den Schulferien die Möglichkeit haben, unter der Anleitung von Trainern in kleinen Gruppen mehrere Tage am Stück intensiv zu trainieren. Die meisten Camps dauern eine Woche und die Kinder trainieren zweimal am Tag und werden in der restlichen Zeit verpflegt und betreut. Manche Camps organisieren auch ein Freizeitprogramm für die kleinen Fußballer. Wie auch immer – die Kinder sind mit Spaß dabei und lernen eine Menge am Ball.

Verstärkte Förderung

Nach dem schwachen Abschneiden der Nationalmannschaft bei der WM 1994 in den USA zog der DFB die Konsequenzen und entwickelte in den darauf folgenden Jahren ein umfangreiches Programm zur Nachwuchsförderung. So wurden, über

Gezielte Nachwuchsförderung gibt es mittlerweile auch bei Mädchenmannschaften.

ganz Deutschland verteilt, sogenannte Fußball-Stützpunkte errichtet, in denen die jungen Talente gezielt trainiert und gefördert wurden. Außerdem wurden alle Vereine der 1. und 2. Bundesliga dazu verpflichtet, Jugendleistungszentren zu errichten. Mit diesen und vielen weiteren Maßnahmen wurde ein erheblicher Schritt nach vorne getan, um junge Fußballtalente zwischen zehn und 17 Jahren spielerisch und taktisch zu schulen. Der Straßenfußball aus früheren Zeiten wurde wieder zum Leben erweckt – das Resultat bei der WM 2006 konnte sich sehen lassen, bei der die jüngste deutsche Fußballnationalmannschaft aller Zeiten nicht nur begeisternden Fußball zeigte, sondern auch noch einen hervorragenden dritten Platz belegte. Auch in früheren Jahren gab es vereinzelt herausragende Talente, die sehr jung den Sprung in die Nationalmannschaft geschafft haben. Uwe Seeler, der Ehrenspielführer der Nationalmannschaft, war beispielsweise erst 17 Jahre alt, als er sich das erste Mal das Trikot der Nationalmannschaft überstreifen durfte. Unter Jürgen Klinsmann als Nationaltrainer haben viele junge Spieler diesen Sprung geschafft.

Mehr über dieses Thema erfährst du auch auf S. 28 auf der Doppelseite zum Thema **Der lange Weg zum Fußballprofi**

Auch Profispieler wie Sebastian Schweinsteiger haben einmal bei einem kleinen Verein angefangen.

Die Regeln im Fußball

+ Das Spielfeld
+ Der Ball
+ Die Zahl der Spiel und ihre Ausrüstung
+ Der Schiedsrichter und seine Assistenten
+ Dauer des Spiels
+ Beginn und Fortsetzung des Spiels
+ Ball in und aus dem Spiel
+ Wie ein Tor erzielt wird
+ Abseits
+ Verbotenes Spiel und unsportliches Betragen
+ Freistoß und Strafstoß
+ Einwurf, Anstoß und Eckstoß

17 Regeln: von »Abseits« bis »Zahl der Spieler«

Stell dir einmal vor, es gäbe keine Regeln im Fußball. Fußball wäre ein ganz anderes Spiel, als das was du heute kennst. Erst durch ein einheitliches Regelwerk wurde eine Abgrenzung zu anderen Spielen, beispielsweise dem Rugby, möglich. Außerdem konnte nur so sichergestellt werden, dass Fußball weltweit auf die gleiche Art und Weise gespielt wird. Deshalb ist klar: Jeder Spieler sollte die Regeln kennen und sich daran halten. Die Grundlage des modernen Fußballsports sind die 17 Regeln des Welt-Fußballverbandes, die in allen Ländern gelten und jede Saison in einem Regelheft neu herausgegeben werden. Im Laufe der Zeit gab es immer wieder Regeländerungen: Regeln, die du heute für selbstverständlich hältst, sind natürlich nicht mehr dieselben wie 1846, als das erste Regelwerk entstanden ist. Regeländerungen werden von einer internationalen Regelbehörde, der IFAB (International Football Association Board), die sich einmal pro Jahr trifft, beschlossen.

Entwicklung der Spielregeln

In der Anfangszeit des Fußballs wurde noch weitgehend auf Regeln verzichtet, es gab nur sehr unterschiedlich ausgelegte Gewohnheitsregeln. Diese waren dafür verantwortlich, dass Fußball über Jahrhunderte hinweg eher einen Raufsportcharakter hatte, weshalb es immer wieder schwere Verletzungen gab. Knochenbrüche waren keine Seltenheit, ja es kam sogar gelegentlich zu tödlichen Verletzungen. Kein Wunder, dass die Geschichte des Fußballs auch eine Geschichte häufiger Verbote ist. Doch alle Verbote konnten nichts an der Begeisterung der Menschen für diesen Sport ändern.

Im Jahr 1846, mit dem Beginn des modernen Fußballs in England, entstand dann endlich das erste Regelwerk der Neuzeit – verfasst von Studenten der Universität Cambridge. Von diesem Zeitpunkt an veränderten sich die Regeln fast jährlich. Im Jahr 1937/38 erfolgte dann eine grundlegende Neugliederung in die besagten 17 Regeln. Diese existieren auch heute noch in der gleichen Reihenfolge wie damals, allerdings wurden immer wieder kleine oder größere inhaltliche Änderungen innerhalb der einzelnen Regeln vorgenommen. Was wird nun eigentlich festgelegt im Regelwerk der FIFA? Es gibt Regeln für die Spielfeldgröße, das Ausmaß und Gewicht des Balles, die Ausrüstung, die Anzahl der Spieler und die Aufgaben des Schiedsrichters. Außerdem ist die Dauer des Spieles geregelt, wann ein Tor erzielt ist, das Foulspiel und seine Folgen, der Abstoß, der Eckstoß, der Einwurf sowie – ganz wichtig – die Abseitsstellung.

Das Spielfeld

Die **1. Regel** beschäftigt sich mit dem Spielfeld. Sie legt fest, dass es auf jeden Fall rechtwinklig sein muss. Die Größe kann allerdings unterschiedlich sein. Es darf zwischen 90 und 120 m lang und zwischen 45 und 90 m breit sein. Im Normalfall ist ein Spielfeld 105 m lang und 70 m breit. Bis zur E-Jugend spielen Jungen und Mädchen auf dem Kleinfeld, das die Hälfte des Großfelds misst. Das Spielfeld wird von Linien begrenzt, die gut sichtbar sein müssen und zu den Räumen gehören, die sie einschließen. Die beiden längeren Begrenzungslinien heißen Seitenlinien, die beiden kürzeren Torlinien. Alle Linien dürfen höchstens 12 cm breit sein. Die Mittellinie teilt das Spielfeld in zwei Hälften. Vor den beiden Toren befindet sich der Torraum, der eine spezielle Schutzzone für den Torhüter darstellt. Vor beiden Toren befindet sich der Strafraum. Rechtwinklig zur Torlinie sind im Abstand von 16,50 m von der Innenkante der Torpfosten zwei Linien markiert. Diese Linien sind durch eine zur Torlinie parallele Linie miteinander verbunden. In jedem Strafraum gibt es die Strafstoßmarke, sie ist 11 m vom Mittelpunkt der Torlinie zwischen den Pfosten und gleich weit von beiden Pfosten entfernt. Der Strafraum hat eine spezielle Bedeutung für den Torhüter, denn er darf den Ball nur innerhalb des Strafraums mit der Hand fangen. Bei einem Foulspiel innerhalb des Strafraums gibt es Strafstoß (Elfmeter). Die Tore stehen in der Mitte der Torlinie, der Abstand zwischen den Innenkanten der Pfosten beträgt 7,32 m. Die Unterkante der Querlatte ist 2,44 m vom Boden entfernt. Die Torpfosten und die Querlatte dürfen höchstens 12 cm breit und tief sein. In den Altersstufen bis zur E-Jugend wird auf kleinere Tore gespielt, diese sind 2 m hoch und 5 m breit.

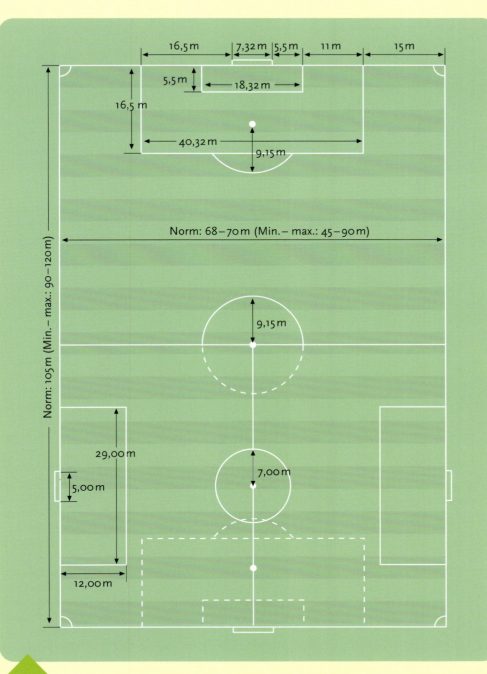

Die Größe des Fußballfeldes kann innerhalb bestimmter Vorgaben schwanken, es ist zwischen 90 und 120 Meter lang und zwischen 45 und 90 Meter breit.

Der Ball

In der **2. Regel** steht alles Wichtige über das Spielgerät beim Fußball, den Ball. Er muss kugelförmig und aus Leder oder einem anderen geeigneten Material sein. Ein offizieller Spielball hat einen Umfang zwischen 68 und 70 cm, sein Gewicht beträgt 410 bis 450 g. Ein Kinder- und Jugendball soll einen Ballumfang zwischen 63,5 und 66 cm und ein Ballgewicht von 350 bis 390 g haben. Dies entspricht der Ballgröße 4.

Zahl der Spieler und deren Ausrüstung

In der **3. Regel** geht es darum, wie viele Spieler zu einem Spiel gehören. Eine Mannschaft muss aus mindestens sieben, aber höchstens elf Spielern bestehen. Einer dieser Spieler ist der Torwart. In offiziellen Wettbewerbsspielen, unter der Zuständigkeit der FIFA dürfen bis zu drei Spieler ausgewechselt werden. Jeder Feldspieler kann seinen Platz mit dem Torwart tauschen, vorausgesetzt der Schiedsrichter ist von dem beabsichtigten Wechsel informiert. Der Tausch muss in einer Spielunterbrechung vorgenommen werden. Die **4. Regel** legt fest, welche Ausrüstung beim Fußball notwendig ist. Sie setzt sich aus einem Trikot, Shorts, Strümpfen (Stutzen), Schienbeinschützern und Fußballschuhen zusammen. Ein Spieler darf außer

> **Nico**
> Bis zur E-Jugend besteht eine Mannschaft aus sechs Feldspielern und einem Torwart. Erst danach geht ihr mit elf Spielern auf den Platz.

arbeitet. Der Schiedsrichter hat mehrere Aufgaben zu erfüllen: Er muss darauf achten, dass alle 17 Regeln eingehalten werden und diese Regeln auch durchsetzen. So stellt er vor Spielbeginn sicher, dass der Ball der Regel entspricht und die Ausrüstung der Spieler regelgerecht ist. Während des Spiels bestraft er Regelverstöße: Wenn zum Beispiel ein Spieler zur gleichen Zeit mehrere Regelübertretungen begeht, muss der Schiedsrichter disziplinarische Maßnahmen gegen diesen Spieler ergreifen. Er muss in diesem Fall verwarnt oder sogar mit einem Feldverweis bestraft werden. Jede Entscheidung des Schiedsrichters ist endgültig und bindend, er darf sie nur auf Hinweis des Schiedsrichterassistenten oder in Eigenverantwortung ändern.

dieser Grundausrüstung keine Kleidungsstücke oder Ausrüstungsgegenstände tragen, die für ihn oder einen anderen Spieler gefährlich sind. Der Torwart muss sich in der Farbe seiner Sportkleidung von den eigenen und den gegnerischen Spielern, sowie vom Schiedsrichter und dessen Assistenten unterscheiden.

Der Schiedsrichter und seine Assistenten

Die **5. Regel** beschäftigt sich mit dem Schiedsrichter, die **Regel Nr. 6** mit seinen Assistenten. Jedes Fußballspiel wird von einem Schiedsrichter geleitet, der mit den Schiedsrichter-Assistenten zusammen-

Spielzeiten

Alter	Spielklasse	Spielzeit
– 9 Jahre	F-Junioren/innen	2 × 20 min.
– 11 Jahre	E-Junioren/innen	2 × 25 min.
– 13 Jahre	D-Junioren/innen	2 × 30 min.
– 15 Jahre	C-Junioren/innen	2 × 35 min.
– 17 Jahre	B-Junioren/innen	2 × 40 min.
– 19 Jahre	A-Junioren/innen	2 × 45 min.
17–19 Jahre und älter	Senioren/innen	2 × 45 min.

Neben dem Hauptschiedsrichter gibt es zwei Schiedsrichter-Assistenten, die ihn bei seiner Arbeit unterstützen. Sie zeigen beispielsweise an, ob der Ball vollständig das Spielfeld verlassen hat, ob eine Abseitsstellung vorliegt oder eine Auswechslung gewünscht wird. Sie machen auf regelwidriges Verhalten außerhalb des Blickwinkels des Schiedsrichters aufmerksam und entscheiden, welcher Mannschaft Eckstoß, Abstoß oder Einwurf zugesprochen wird. Ferner haben sie die Aufgabe dem Schiedsrichter anzuzeigen, ob der Ball die Torlinie überquert hat.

Dauer des Spiels

Eine alte Fußballweisheit von Sepp Herberger, dem legendären Weltmeistertrainer von 1954, besagt, dass ein Spiel 90 Minuten dauert. Das bestätigt auch die **7. Regel**: Sie legt fest, dass ein Spiel aus zwei Spielzeithälften zu je 45 Minuten besteht. Den Spielern steht eine Halbzeitpause zu. Diese darf 15 Minuten dauern. Jede verloren gegangene Zeit durch Auswechslungen, Verletzungen von Spielern, Zeitspiel muss in der entsprechenden Spielzeithälfte nachgespielt werden. Die nachzuspielende Zeit liegt dabei im Ermessen des Schiedsrichters. Ein Spiel der F-Jugend dauert 2 × 20 Minuten. Die Spieldauer steigt mit jeder Altersklasse um jeweils 2 × 5 Minuten. In der A-Jugend ist also schon die reguläre Spielzeit von 2 × 45 Minuten erreicht.

Dem Schiedsrichter kommt eine zentrale Bedeutung zu, wobei weibliche Schiedsrichter noch immer die Ausnahme sind.

28 Special

Der lange Weg zum Fußballprofi

Jeder Fußballspieler hat irgendwann einmal diesen Traum: Er möchte Fußballprofi werden, im Rampenlicht stehen, viel Geld verdienen und sein Hobby zum Beruf machen.

Der Weg dorthin ist allerdings steinig und viel gehört dazu, ihn erfolgreich zu gehen.

Neben einem gewissen Talent (wichtig für eine gute Technik, taktisches Verständnis und körperliche Fitness) benötigt ein Fußballer auch mentale Stärke (Willenskraft, Durchsetzungsvermögen) und zudem die Fähigkeit, sich als Spieler in ein Team einzufügen (Teamgeist).

Eine Grundvoraussetzung für eine Karriere als Profifußballer ist die Zugehörigkeit zu einem Fußballverein. Dabei ist es am Anfang absolut nicht wichtig, ob man in einem der ganz großen Vereine in Deutschland spielt oder bei einem kleinen unbekannten Verein kickt. Wie bereits erwähnt, haben fast alle großen Spieler bei ihrem kleinen Heimatverein das Kicken begonnen und die ersten Schritte mit dem Ball dort gelernt. Der nächste Schritt kann dann auf unterschiedliche Weise erfolgen. Eine Möglichkeit wäre, konstant gute Leistungen im Heimatverein zu erbringen, von einem der großen Bundesligavereine entdeckt zu werden und in das dortige Fußballinternat zu wechseln. In diesen Internaten werden die Spieler gezielt gefördert und trainiert, um später den Weg als Profi zu schaffen.

Vorsicht, Talent-Scout!

Wie wird man aber eigentlich entdeckt? So gut wie alle Vereine der 1. und 2. Bundesliga haben professionelle Talentsucher,

sogenannte »Scouts«, die auf den Fußballplätzen in Deutschland und dem Rest der Welt unterwegs sind und dort nach Talenten Ausschau halten. Viele große Vereine bieten auch sogenannte »Talent-Tage« an, bei denen jeder Nachwuchskicker, der sich berufen fühlt, sein Talent beweisen kann. Auch bei solchen Veranstaltungen sind die Scouts der Vereine vor Ort und in der Regel auch die entsprechenden Trainer der einzelnen Jugendmannschaften. Aus einer enormen Anzahl an Bewerbern werden dann einzelne, besonders talentierte Spieler ausgewählt und in den Verein geholt.

Der Weg in die Auswahlmannschaften

Es geht aber auch noch anders: In Deutschland gibt es, neben den Vereinen, auch noch eine Vielzahl an Auswahlmannschaften. In diesen Mannschaften spielen die besten Spieler ihrer jeweiligen Altersklasse, aufgeteilt in verschiedene Fußballkreise. Die erste Stufe ist die sogenannte Kreisauswahl, danach folgt die Bezirksauswahl, als Letztes die Landesauswahl des jeweiligen Bundeslandes. Als Spieler eines solchen Auswahlverfahrens steht man natürlich schon auf der Beobachtungsliste eines großen Vereins. Ein Spieler der Landesauswahl ist dabei noch deutlich interessanter, zumal diese Landesauswahlmannschaften einmal im Jahr zu einem großen Turnier gegeneinander antreten und dort auch von den Trainern der entsprechenden Jugendnationalmannschaften beobachtet werden. Bei guter Leistung besteht durchaus die Möglichkeit, in eine der Jugendnationalmann-

Philipp Lahm wurde schon mit 12 Jahren vom FC Bayern verpflichtet.

Zinedine Zidane gilt als einer der ganz Großen des internationalen Fußballs und ist für viele Nachwuchskicker ein Vorbild.

schaften berufen zu werden. Viele der heutigen Nationalspieler sind über diesen Weg in die aktuelle A-Nationalmannschaft gekommen. Die Nachwuchsauswahlmannschaften (»U-Mannschaften«) beginnen bei den »U-15 Junioren«, das ist die Altersklasse der Spieler unter und bis 15 Jahre, und reicht von der U 16, U 17, U 18, U 19, U 20 bis zur U 21. Die »U-Mannschaften« tragen nicht nur einzelne, offizielle Länderspiele aus, sondern nehmen auch an großen internationalen Wettbewerben, wie den Europa- oder Weltmeisterschaften, teil.

Seit einigen Jahren gibt es auch noch ein spezielles Jugendförderprogramm des DFB, bei dem besonders talentierte Spieler eine zusätzliche Trainingsmöglichkeit erhalten. Über ganz Deutschland verteilt wurden sogenannte Stützpunkte eingerichtet. Die talentiertesten Spieler im Umkreis eines solchen Stützpunktes treffen sich einmal in der Woche und werden dann von einem extra ausgebildeten Stützpunkttrainer trainiert.

Talent, Ehrgeiz und Übung

Ganz egal welchen Weg ein Spieler geht, um es ganz an die Spitze zu schaffen, ohne die nötigen Voraussetzungen wird er sein Ziel nicht erreichen. Erste Grundvoraussetzung ist Talent: Dieses hat man von Geburt an, es wurde einem sozusagen in die Wiege gelegt, und natürlich gibt es Spieler mit mehr oder weniger Talent. Eine weitere Voraussetzung ist der unbedingte Wille zum Erfolg. Nur wer diesen Willen mitbringt, hat eine Chance es zu schaffen. Ein weniger talentierter Spieler kann es mit dem entsprechenden Biss eher in die Bundesliga schaffen, als ein sehr talentierter Spieler, der nicht den notwendigen Ehrgeiz mitbringt. Solche Spieler werden dann meist als »ewige Talente« bezeichnet und verschwinden sehr schnell von der Bildfläche. Ein Bundesligaspieler muss sich seinen Erfolg von klein auf in vielen Übungsstunden hart erarbeiten. Nur so schafft man es, die notwendigen technischen Fertigkeiten zu entwickeln und die körperlichen Voraussetzungen optimal zu entfalten. Wie Technik, Taktik und auch körperliche Fitness trainiert werden können, wird später noch genau erklärt.

Beginn und Fortsetzung des Spiels

Die **8. Regel** legt fest, dass der Schiedsrichter zu Beginn eines Spiels eine Münze wirft, wobei die Gastmannschaft eine Seite der Münze auswählen darf. Die Mannschaft, deren Seite oben liegt, darf entscheiden, in welche Richtung sie in der ersten Hälfte angreifen wird. Die andere Mannschaft erhält dafür das Recht, den Anstoß zu Beginn des Spieles auszuführen. In der zweiten Halbzeit wechseln die Mannschaften die Seiten und spielen auf das jeweils andere Tor.
Der Anstoß eröffnet das Spiel. Anstoß gibt es auch nach einem Tor, zu Beginn der zweiten Halbzeit, und in jeder Hälfte einer Verlängerung das Spiel fortsetzen. Ein Tor kann direkt aus einem Anstoß erzielt werden.

Wie ein Tor erzielt wird

Die **10. Regel** wird nicht erst seit dem legendären Wembley-Tor, bei der WM 1966 in England, heiß diskutiert. Bis zum heutigen Tag ist das entscheidende dritte Tor der Engländer im Finale gegen die deutsche Mannschaft umstritten. Damals sprang der Ball, nach einem Schuss von Geoffrey Hurst, von der Latte auf die Torlinie. Der Schiedsrichter entschied damals, nach Rücksprache mit seinem Assistenten, auf Tor. Diese Entscheidung wird bis heute angezweifelt. Die offiziellen Regeln nämlich besagen, ein Tor ist nur gültig, wenn der Ball vollständig die Torlinie zwischen den Torpfosten und unter der Querlatte überschritten hat.

Nicola

Auch wenn die Regel kompliziert ist — sie ist überaus wichtig. Denn nichts ist ärgerlicher als ein Tor, das wegen Abseits nicht gegeben wird!

Ball in und aus dem Spiel

In der **9. Regel** wird erklärt, wann sich der Ball außerhalb des Spiels befindet. Das ist dann der Fall, wenn er auf dem Boden oder in der Luft vollständig eine der Tor- oder Seitenlinien überschritten hat. Zu jedem anderen Zeitpunkt ist der Ball im Spiel, auch wenn er vom Pfosten, der Querlatte oder einer Eckfahnenstange zurückprallt.

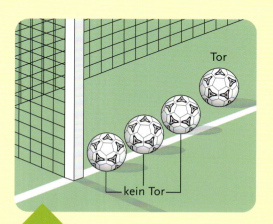

Der Ball ist erst dann im Tor, wenn er die Linie mit vollem Umfang überschritten hat.

Abseits

Die **11. Regel** ist die komplizierteste aller Regeln, sie betrifft das sogenannte Abseits. Laut offiziellem Regelwerk befindet sich ein Spieler im Abseits, wenn er der gegnerischen Torlinie näher ist als der Ball und der vorletzte gegnerische Abwehrspieler.

Ein Spieler befindet sich allerdings nicht im Abseits, wenn er in seiner eigenen Spielfeldhälfte ist oder wenn er sich auf gleicher Höhe mit dem vorletzten Abwehrspieler befindet.

Er wird auch nur dann für seine Abseitsstellung bestraft, wenn er aktiv am Spielgeschehen teilnimmt, während der Ball von einem Mannschaftskollegen gespielt wird, oder der Ball diesen berührt.

Es liegt keine Abseitsstellung vor, wenn ein Spieler den Ball direkt von einem Abstoß, einem Einwurf oder einem Eckstoß bekommt.

Nach jeder strafbaren Abseitsstellung verhängt der Schiedsrichter einen indirekten Freistoß für die gegnerische Mannschaft an der Stelle an der sich der Verstoß ereignete. In den Altersstufen bis hin zur E-Jugend, die auf dem Kleinfeld spielen, gibt es die Abseitsregel nicht.

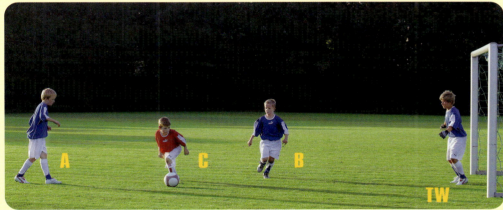

Im Moment der Ballabgabe von Spieler A befindet sich Spieler B näher zum Tor als der Ball und der vorletzte Abwehrspieler C und ist somit in einer Abseitsposition.

Verbotenes Spiel und unsportliches Betragen

 Die **12. Regel** legt fest, wann der Schiedsrichter auf verbotenes Spiel und unsportliches Betragen entscheiden muss und mit welchen Strafen er dies zu ahnden hat.

Direkter Freistoß

Ein Spieler verursacht einen direkten Freistoß (der Ball darf direkt ins Tor geschossen werden) für die gegnerische Mannschaft, wenn er einen schweren Regelverstoß begeht. Ein solcher Verstoß liegt vor, wenn ein Gegner getreten wird oder dies auch nur versucht wird, wenn er gerempelt oder geschlagen wird oder ihm das Bein gestellt wird. Der gegnerischen Mannschaft wird ebenfalls ein direkter Freistoß zugesprochen, wenn ein Spieler einen der nachfolgenden vier Verstöße begeht: wenn er beim Tackling im Kampf um den Ball den Gegner vor dem Ball berührt, wenn er seinen Gegner festhält, anspuckt oder als Feldspieler den Ball absichtlich mit der Hand spielt.

Der direkte Freistoß wird immer an der Stelle ausgeführt, an der sich der Verstoß ereignet hat.
Eine Besonderheit stellt der sogenannte Strafstoß (11 m) dar. Begeht ein Spieler der verteidigenden Mannschaft innerhalb seines eigenen Strafraumes einen der oben genannten Verstöße, so gibt es einen Strafstoß.

Indirekter Freistoß

Ein Spieler verursacht einen indirekten Freistoß (der Ball muss vor dem Schuss von einem weiteren Spieler berührt werden) für die gegnerische Mannschaft, wenn er gefährlich spielt (z. B. einen Fallrückzieher in der unmittelbaren Nähe zum Gegenspieler versucht), den Lauf des Gegners stört (»Sperren ohne Ball«) oder den Torwart daran hindert, den Ball aus den Händen zu spielen. Der indirekte Freistoß wird an der Stelle ausgeführt, an der sich der Verstoß ereignet hat.
Ein Torwart verursacht einen indirekten Freistoß für die gegnerische Mannschaft, wenn er innerhalb seines Strafraumes den Ball mehr als sechs Sekunden hält, bevor er ihn ins Spiel bringt. Es gibt indirekten Freistoß, wenn der Torwart den Ball erneut mit der Hand berührt, nachdem er ihn freigegeben hat und bevor ein anderer Spieler ihn berührt. Ebenso, wenn er den Ball mit der Hand berührt, den ein Mitspieler ihm absichtlich mit dem Fuß zugespielt hat. Außerdem wird auf indirekten Freistoß entschieden, wenn der Torwart den Ball mit der Hand berührt, nachdem er ihn vom Einwurf des Mitspielers erhalten hat.

Unsportliches Verhalten

Verhält sich ein Spieler unsportlich, kann zusätzlich zum Freistoß auch eine persönliche Strafe ausgesprochen werden. Mit einer gelben Karte wird zum Beispiel wiederholtes Foulspiel, das Vortäuschen eines Fouls (»Schwalbe«), absichtliche Spielverzögerung oder Meckern gegen eine Schiedsrichterentscheidung bestraft. Bei mehrere gelbwürdigen Vergehen wird ein Spieler mit einer gelb-roten Karte des Feldes verwiesen. Ein Feldverweis (rote Karte) ist immer dann fällig, wenn ein Spieler grob Foul spielt, gewaltsam zur Sache geht, einen Gegner anspuckt, ein Tor oder eine offensichtliche Torchance des Gegners durch absichtliches Handspiel verhindert oder beleidigende Äußerungen oder Gebärden gebraucht.

Freistöße und Strafstoß

Es gibt direkte und indirekte Freistöße (siehe 12. Regel). Bei der Ausführung jedes Freistoßes, so besagt es die **13. Regel**, muss der Ball ruhig am Boden liegen, bevor der Spieler den Schuss ausführen kann. Nach dem Freistoß darf dieser Spieler den Ball erst wieder berühren, wenn ein anderer Spieler mittlerweile am Ball war.

Nach der **14. Regel** wird dann ein Strafstoß gegen eine Mannschaft verhängt, wenn ein Spieler im eigenen Strafraum eine der Regelübertretungen begeht, die sonst mit direktem Freistoß bestraft werden. Aus einem Strafstoß kann direkt ein Tor erzielt werden. Dieser muss ausgeführt werden, auch wenn die Spielzeit am Ende jeder Halbzeit (das gilt ebenso in einer erforderlichen Verlängerung) abgelaufen ist. Der Ball wird auf die Strafstoßmarke gelegt. Der ausführende Spieler muss klar erkennbar sein. Der Torwart der verteidigenden

Mannschaft bleibt mit Blick zum Schützen auf seiner Torlinie zwischen den Pfosten, bis der Ball mit dem Fuß gestoßen ist. Der ausführende Spieler muss den Ball mit dem Fuß nach vorne stoßen. Er darf den Ball nicht wieder spielen, bevor er von einem anderen Spieler berührt wurde. Der Ball ist im Spiel, wenn er mit dem Fuß gestoßen wurde und sich vorwärts bewegt.

Einwurf, Abstoß und Eckstoß

Die **15. Regel** befasst sich mit dem Einwurf, der Fortsetzung des Spiels nach einer Unterbrechung. Auf Einwurf wird dann entschieden, wenn der Ball in der Luft oder am Boden vollständig die Seitenlinie überschritten hat. Im Augenblick des Einwurfes muss der Spieler das Gesicht dem Spielfeld zuwenden, mit einem Teil eines jeden Fußes entweder auf der Seitenlinie oder auf dem Boden außerhalb des Spielfeldes stehen, beide Hände gebrauchen und den Ball von hinten über seinen Kopf werfen. Der einwerfende Spieler darf den Ball kein zweites Mal spielen, bevor ihn ein anderer Spieler berührt hat. Der Ball ist im Spiel, sobald er innerhalb des Spielfeldes ist. Aus einem Einwurf kann direkt kein Tor erzielt werden.

Eine weitere Spielfortsetzung ist der Abstoß, er wird in der **16. Regel** festgelegt. Abstoß gibt es immer dann wenn der Ball zuletzt von einem Spieler der angreifenden Mannschaft berührt wurde und in der Luft

Ein regelgerechter Einwurf wird mit beiden Händen durchgeführt. Beide Füße müssen den Boden berühren und der Ball muss vor dem Wurf in einer Bewegung von hinten über den Kopf geführt werden.

oder am Boden vollständig die Torlinie überschritten hatte. Der Abstoß wird von einem Spieler der verteidigenden Mannschaft von irgendeinem Punkt innerhalb des Torraumes ausgeführt. Die gegnerischen Spieler müssen außerhalb des Strafraumes bleiben, bis der Ball im Spiel ist. Das ist der Fall, wenn er mit dem Fuß direkt aus dem Strafraum herausgestoßen wurde. Aus einem Abstoß kann die ausführende Mannschaft direkt ein Tor erzielen.

Die **17.** und letzte **Regel** befasst sich mit dem Eckstoß. Dieser wird verhängt, wenn der Ball – zuletzt von einem Spieler der verteidigenden Mannschaft berührt –, in der Luft oder am Boden vollständig die Torlinie überquert. Aus einem Eckstoß kann die ausführende Mannschaft direkt ein Tor erzielen. Der Ball ist im Spiel, wenn er mit dem Fuß gestoßen wurde und sich bewegt. Die gegnerischen Spieler müssen beim Eckball mindestens 9,15 m vom Ball entfernt sein.

34 Special

Deutsche Meisterschaft und DFB-Pokal

Der Vereinsfußball wird in Deutschland vom DFB (Deutscher Fußball-Bund) organisiert. Der DFB ist auch zuständig für die Wettbewerbe um die Deutsche Meisterschaft und den DFB-Pokal.

Deutsche Meisterschaft

In den Jahren zwischen 1903 und 1963 wurde der Deutsche Meistertitel in einer Mischung aus Liga- und Pokalsystem ermittelt: Es gab mehrere verschiedene Ligen und die jeweiligen Erstplazierten spielten in einer Endrunde um die Deutsche Meisterschaft. Seit der Einführung der Bundesliga wird der Deutsche Meister in einem Liga-System ermittelt.

1. und 2. Bundesliga

Eine 1. Bundesliga, wie wir sie heute kennen, gibt es erst seit 1963. Im Deutschen Fußball-Bund ist das Ligasystem nach dem Pyramidensystem aufgebaut: An der obersten Spitze befindet sich die 1. Bundesliga mit ihren 18 Profivereinen. Die 1. Bundesliga wird im Ligasystem gespielt. Das bedeutet, dass alle 18 Vereine zweimal gegeneinander spielen. Die Mannschaft, die nach 34 Spieltagen die meisten Punkte hat, steht an der Tabellenspitze und ist Deutscher Meister. Die Mannschaften, die auf den Plätzen 16, 17 und 18 landen, müssen in die 2. Bundesliga absteigen. Die drei Erstplazierten der 2. Bundesliga steigen dafür in der nächsten Saison in die 1. Bundesliga auf.

Regional- und weitere Ligen

Nach den beiden Bundesligen folgen als dritte Stufe des Ligasystems die beiden Regionalligen (Nord und Süd). Diese beiden Ligen stellen eine Art Übergang vom Profi- zum Amateurfußball dar. Die Aufsteiger in die beiden Regionalligen werden von den Meistern der zehn Oberligen gestellt. Nach den Oberligen folgen die Verbands- und dann die Landesligen. Als Nächstes folgen Bezirksoberliga, Bezirksliga, Kreisliga und schließlich Kreisklasse, die nochmals gestuft sind. Der Auf- und Abstieg zwischen den einzelnen Stufen ist dabei ähnlich geregelt wie in der höchsten Spielklasse.

Vom Vertragsspieler zum Profi

Mit der Einführung der Bundesliga änderte sich auch die Bezahlung der Spieler. Davor waren die Spieler sogenannte »Vertragsspieler«, sie waren zwar vertraglich an einen Verein gebunden und bekamen auch ein kleines Gehalt bezahlt, mussten aber zusätzlich noch einen Beruf ausüben. Mit dem Start der Bundesliga 1963 wurde dann der »Lizenzspieler« eingeführt, der für sein Spiel ein festes Gehalt bekommt. Das Einkommen eines Spielers lag damals bei ungefähr 600,– €, was verglichen mit den heutigen Gehältern natürlich nur ein sehr kleiner Betrag war. Einer der ersten Groß-

In der Karriere jedes Profifußballers steht die Zugehörigkeit zur Nationalmannschaft an oberster Stelle.

Der FC Bayern ist unangefochtener Rekordmeister in der Bundesliga: 2006 gewann er zum 20. Mal die Meisterschale.

DFB-Pokal

Neben dieser Meisterschaftsrunde gibt es in Deutschland seit dem Jahr 1935 auch noch einen Pokalwettbewerb für Vereinsmannschaften, den sogenannten DFB-Pokal. An diesem dürfen alle deutschen Vereinsmannschaften teilnehmen. Der Wettbewerb wird in mehreren Runden nach dem K.O.-System ausgespielt. Das bedeutet, dass die Mannschaft, die ihr Spiel verliert, aus dem Wettbewerb ausscheidet. Die einzelnen Spielpaarungen werden nach dem Losverfahren ermittelt.

Amateure gegen Profis

Der besondere Reiz dieses Pokals besteht darin, dass sich Amateurmannschaften mit Profis messen können. Nicht selten gibt es dann bei diesen Spielen die sogenannten Pokalsensationen, wenn ein kleiner Amateurverein die Gunst der Stunde nutzt und einen Bundesligisten aus dem Wettbewerb schießt. Gerne spricht man auch davon, dass der Pokal seine eigenen Gesetze hat. Dass dies wirklich so ist, hat in der jüngsten Vergangenheit sogar der große FC Bayern München einige Male schmerzlich erfahren müssen, als er bei Amateurmannschaften den Kürzeren zog. Das Endspiel im DFB-Pokal findet seit 1985 traditionell im Berliner Olympiastadion statt und gilt als einer der Höhepunkte der Fußballsaison. Rekordpokalsieger ist auch hier mit 13 Pokalsiegen der FC Bayern München, der es in seiner Vereinsgeschichte sogar sechsmal geschafft hat, das sogenannte »Double« zu gewinnen, also den Meistertitel und den Pokalsieg in einer Saison.

verdiener der Fußball-Bundesliga war der englische Nationalspieler und spätere englische Nationaltrainer Kevin Keegan, der 1977 für den »Hamburger SV« spielend, das Rekordgehalt von 250.000 € pro Jahr bezahlt bekam. Auch diese Summe ist in der heutigen Zeit nichts außergewöhnliches mehr, denn jeder durchschnittliche Bundesligaspieler verdient dieses Gehalt. Top-Spieler wie der Nationalmannschaftskapitän Michael Ballack verdienen sogar mehr als 20-mal so viel. Damit befinden sich die Spieler der Fußball-Bundesliga aber nur im Mittelfeld der bestbezahlten Fußballer der Welt. Im Ausland, und hier speziell in England, Spanien und Italien, haben Spitzenfußballer die Möglichkeit bis zu 200.000 € in der Woche zu verdienen.

Seit der Einführung der Bundesliga wurde der Deutsche Meister, wie bereits erwähnt, in einem Liga-System ermittelt. Unter den Vereinen, die seitdem diesen Zeit den Titel errungen haben, sticht eine Mannschaft ganz deutlich heraus, nämlich der FC Bayern München. Die Bayern gewannen im Jahr 2006 ihren insgesamt 20. Meistertitel und das in 40 Jahren Bundesligazugehörigkeit. Das bedeutet, dass sie rechnerisch gesehen jedes zweite Jahr den Meistertitel gewonnen haben.

Erfolgreich trainieren

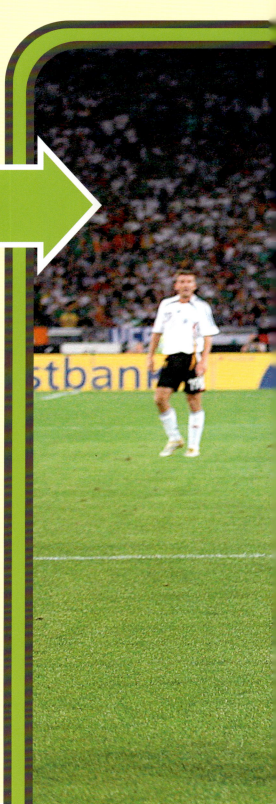

- **Was gehört zum Fußballtraining?**
- **Technik**
- **Taktik**
- **Kondition**

38

Was gehört zum Fußballtraining?

In diesem Kapitel erfährst du, wie ein Training aufgebaut ist und was du während des Trainings beachten solltest, damit du bald noch besser spielst. Denn deine Leistung als Fußballspieler wird durch eine Reihe von Fähigkeiten und Voraussetzungen beeinflusst. Wenn du dir das bewusst machst, kannst du besser an dir arbeiten und wirst auch Erfolge erzielen. Dabei ist es nicht wichtig, ob du im Verein oder auf einem Bolzplatz für dich selbst trainierst.

Mit Technik bezeichnet man alle fußballspezifischen Bewegungen: Dazu zählen die Stoßarten, um den Ball zu spielen, alle Abwehrtechniken, um sich den Ball zu erkämpfen, die Ballan- und -mitnahme, um den Ball zu beherrschen usw. Unter dem Begriff Taktik versteht man, einfach ausgedrückt, den Plan, den man braucht, um die gegnerische Mannschaft zu besiegen. Dieser Plan hilft jedem einzelnen Spieler und der gesamten Mannschaft während des Spiels zu wissen, was zu tun ist. Von (guter) Kondition spricht man dann, wenn ein Fußballspieler besonders schnell laufen kann, wenn er über besonders viel Kraft verfügt oder wenn er mühelos die geforderte Spielzeit über laufen kann. Die Psyche ist eine Art Schaltzentrale, die dafür verantwortlich ist, dass alles richtig läuft. Wenn diese Schaltzentrale nicht richtig funktioniert, dann geht alles wild durcheinander und es ist keine optimale Leistung möglich. Welcher dieser Faktoren in welchem Umfang trainiert werden, hängt von vielen Dingen ab.

Was bedeutet »Training«?

Training ist ein Prozess, an dem du aktiv und bewusst teilnehmen musst, um dich weiter zu verbessern. Das bedeutet, dass du den Sinn und Nutzen des Trainings verstehst und körperlich immer dein Bestes gibst. Denn nur das, was man auch wirklich versteht, kann man auch optimal ausführen. Deshalb solltest du dir überlegen, was du mit dem Training erreichen willst (Trainingsziele), warum du überhaupt trainierst (Motivation) und wie du am besten trainieren kannst, um dich auch wirklich zu ver-

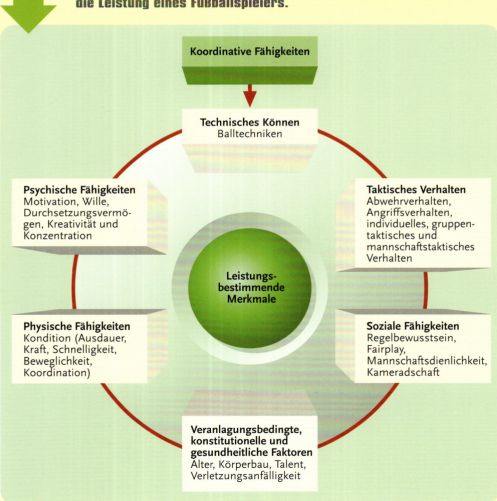

Eine ganze Reihe von unterschiedlichen Faktoren beeinflussen die Leistung eines Fußballspielers.

bessern. Am Anfang stehen erst einmal deine Ziele, die du dir als Spieler setzen solltest.

Realistische Ziele setzen

Beispielsweise verfolgen viele junge Spieler mit großem Interesse die Spiele der Fußballweltmeisterschaft, Europameisterschaft oder Champions League und sehen dort Spieler, denen sie nacheifern wollen. Ihr Ziel ist es, einmal genauso berühmt zu werden wie ihr Vorbild und natürlich auch so gut zu spielen. Dies ist der erste Schritt: Denn um dich zu verbessern, musst du dir ein Ziel setzen. Am besten sind solche Ziele, die du auch erreichen kannst – sie müssen also gar nicht so groß sein. Es reicht zum Beispiel schon, wenn du dir als Stürmer vornimmst, eine bestimmte Anzahl an Toren in einer Saison zu schießen. Wenn du das erreicht hast, bedeutet das einen enormen Schub für dein Selbstvertrauen. Falls es nicht ganz geklappt hat, ist es ein Ansporn, beim nächsten Mal erfolgreicher zu sein. Ziele gibt dir dein Trainer vor, du kannst sie dir aber auch selber setzen. Da du dich am besten kennst, weißt du auch wie sie aussehen sollten. Bei der Vorgabe durch deinen Trainer gestaltet sich das schon schwieriger, denn vielleicht sind seine Ziele nicht immer dieselben wie deine.

Wichtig: Eigenmotivation

Richtig erfolgreich kannst du nur sein, wenn du hinter deinen Zielen stehst, denn dann bist du auch bereit, dafür alles zu geben. Dein innerer Motor treibt dich an, ins Training zu gehen, beim Spiel dein Bestes

Nicola
Wichtig ist, dass du beim Fußballtraining alle Bereiche berücksichtigst – also Technik, Taktik, Kondition und Psyche.

zu geben, dich durchzubeißen, wenn es vielleicht einmal nicht so gut läuft, deine Ziele, die du dir gesteckt hast, zu erreichen. Jeder Spieler hat eine andere Art von Motivation und bei jedem ist sie unterschiedlich hoch. Wichtig ist, dass es nur die Spieler ganz an die Spitze schaffen, die über eine enorme Eigenmotivation verfügen. Diese Spieler haben den Ehrgeiz immer ins Training zu gehen, auch wenn das Wetter schlecht sein sollte, sie haben den Ehrgeiz sich immer weiter zu verbessern, sie wollen immer gewinnen, sie wollen ihre Ziele verwirklichen. Sie haben ihren inneren Motor auf volle Leistung gestellt und deshalb werden sie auch Erfolg haben und ihre Ziele erreichen.

Wenn zu deiner eigenen Motivation und zu den Zielen, die du dir gesetzt hast, ein entsprechendes Training kommt, dann bist du auf dem richtigen Weg. Training bedeutet erst einmal, dass du dich als Spieler belasten solltest. Bei einer richtigen Belastung kommt es dann zu einer Leistungssteigerung. Du merkst das sehr schnell, wenn deine Muskeln anfangen zu wachsen und du plötzlich schneller laufen kannst. Du merkst es aber auch, wenn dein Pass genauer den Mitspieler trifft und dir weniger technische Fehler unterlaufen.

Was ein gutes Training auszeichnet

Ein gutes Training ist so aufgebaut, dass dein Körper sich der steigenden Belastung immer neu anpassen muss und sich so stufenweise die Leistung verbessert. Aber Vorsicht, es hilft dir nicht, wenn du dein Training übertreibst. Ein Zuviel ist genauso falsch wie ein Zuwenig. Es gilt, dass du regelmäßig trainierst und keine zu langen Trainingspausen einlegst, denn ohne regelmäßiges Training schaffst du es nie an die

Spitze. Wer sich ein sportliches Leistungsziel gesetzt hat, für den heißt es, im Alter bis ca. 14 Jahren zwei- bis dreimal pro Woche zu trainieren. Ab dem 14. Lebensjahr sollte die Trainingshäufigkeit sogar noch gesteigert werden, auf drei- bis viermal Training pro Woche. Je älter du wirst und je leistungsorientierter du spielst, umso mehr wirst du trainieren müssen.

Aufwärmen

Den Anfang eines jeden Trainings bildet das Aufwärmen. Das ist wichtig, damit man sich nicht so leicht verletzt und damit Körper (Muskulatur) und Geist (Nervensystem) auf die folgenden Trainingsübungen vorbereitet werden. Für das Aufwärmen bieten sich mehrere Formen an: Einfache Laufübungen, kleinere Ballspiele (Handball-Kopfball, Sitzfußball usw.), lockere Spiel- und Übungsformen (Passübungen, Technikübungen usw.), Staffelbewerbe usw. können im Aufwärmprogramm verwendet werden. Auch das Beweglichkeitstraining (Dehnübungen) sollte dort seinen Platz finden. Dabei ist es sinnvoll, die Übungen gegen Ende des Aufwärmens so zu gestalten, dass sie auf den nächsten Teil hinführen.

Hauptteil des Trainings

Das ist der Hauptteil des Trainings: Hier werden in Übungs- oder auch Spielformen die verschiedenen Grundlagen trainiert, die du im Fußball benötigst. Manchmal wird dabei mehr Wert auf Verbesserung bestimmter Technikformen gelegt, manchmal vielleicht mehr an bestimmten taktischen Vorgaben gearbeitet, oder die Verbesserung der Kondition steht im Vordergrund. Wie bereits erwähnt, gibt es verschiedene Gründe dafür, einmal mehr den einen und dann wieder den anderen Bereich zu trainieren. Dabei gibt es für jede einzelne Altersstufe ungefähre Richtlinien, was zu trainieren sinnvoll ist.

Das richtige Training je nach Alter

Allgemein gilt, dass in jüngeren Jahrgängen viele Spielformen auf dem Trainingsplan stehen sollen und unterstützend die Technik in Grobform erlernt werden soll. Am besten übt man die Technik spielerisch ein. Je höher die Jahrgänge sind, desto mehr müssen auch die anderen Leistungsfaktoren, also Taktik und Kondition, im Training berücksichtigt werden. Manchmal entscheidet aber auch das vorangegangene oder das nächste Spiel über die Trainingsarbeit. So kann es durchaus vorkommen, dass im Training nach einem Spiel bestimmte Dinge, die im Spiel nicht so richtig geklappt haben (etwa das Passspiel oder Flanken), noch einmal speziell trainiert werden. Dies ist aber eher in den höheren Jahrgängen der Fall und sollte in den jüngeren (G-Jugend bis C-Jugend) nur sehr selten vorkommen. Hier steht das Ausbildungskonzept (Erlernen der Grundtechniken usw.) deutlich im Vordergrund.

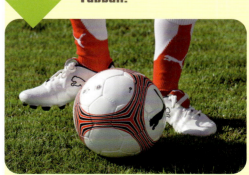

Ein gutes Ballgefühl ist das A und O beim Fußball.

Regelmäßiges Training ist die Voraussetzung für den Erfolg.

Trainingsabschluss

Den Abschluss des Trainings bildet meistens ein Spiel, in dem alles Gelernte aus dem Hauptteil noch einmal angewendet wird. Dieses Abschlussspiel sollte sich am Hauptteil orientieren, kann aber auch ab und zu der reinen Spielfreude dienen! Wie bereits erwähnt, wird die Leistung eines Fußballspielers von einer Vielzahl innerer und äußerer Merkmale beeinflusst. Die Leistung des einzelnen Spielers entscheidet dabei sehr oft über den Erfolg der gesamten Mannschaft. Daher ist es wichtig, an diesen Fähigkeiten zu arbeiten und sich sozusagen in den Dienst der Mannschaft zu stellen.

Nico

Für den Kinder- und Jugendfußball gilt eine alte Fußballweisheit: »Fußball lernt man am Besten durch Fußballspielen«.

Reifeentwicklung und Trainingsschwerpunkte

Alter, Entwicklungsstufe	Ausbildungsintention	Trainingsschwerpunkt	DFB Klasseneinteilung
5–9/10 Jahre Grundschulalter	Fußballspielen muss Freude machen!	vielseitige sportliche Grundausbildung, Ballgewöhnung, Spielen, Laufen, Werfen, Springen, Turnen, Grundtechniken im Fußball	Bambini, F- und E-Junioren/innen
9/10–11/12 Jahre vorpubertäre Phase	Wir wollen im Fußballspielen besser werden!	gutes Lernalter für Techniktraining, Erarbeiten von Grobformen, Verbesserung bis zur Feinheit	D-Junioren/innen
11/12–13/14 Jahre erste pubertäre Phase	Erlerntes stabilisieren!	differenziertes Leistungsangebot, Training der konditionellen Fähigkeiten, Stabilisierung des Koordinationsvermögens	C-Junioren/innen, evtl. B-Junioren/innen
13/14–17/18 Jahre zweite pubertäre Phase	Der Leistungsgedanke kommt ins Spiel!	Wettkampftraining, Verfeinerung der Technik, Erarbeitung eines eigenen Stils	B-Junioren/innen, Frauen

Technik

- **+ Grundsätze für das Techniktraining**
- **+ Passen und Stoßen**
- **+ Dribbling und Fintieren**
- **+ Ballkontrolle**
- **+ Ballabnahme**
- **+ Torschuss**
- **+ Kopfballspiel**

Das Beherrschen der verschiedenen Techniken ist eine wesentliche Voraussetzung für die Leistungsfähigkeit eines Spielers.

Ein guter Fußballspieler muss imstande sein, mit dem Ball zu machen, was er will. Doch bis einem Spieler der Umgang mit dem Ball so vertraut ist, dauert es meist einige Zeit. Wenn du erst angefangen hast, Fußball zu spielen, wird es oft noch so sein, dass dir der Ball nicht so gehorcht, wie du es gerne möchtest. Dir werden Bälle bei der Ballannahme verspringen oder du wirst den Ball nicht exakt zu deinem Partner passen, sondern zum Gegner. Natürlich ist das angeborene Talent eine wichtige Voraussetzung, um mit dem Ball mühelos umzugehen, aber durch intensives Training und sehr viel Übung kannst du eventuell vorhandene Nachteile weitestgehend ausgleichen. Außerdem gilt auch für den talentierten Spieler: Nur ständiges Training führt zur perfekten Technik. Selbst wenn du vieles schon ganz gut beherrscht, solltest du immer wieder üben, um noch besser zu werden. Im Training wirst du die Techniken auf verschiedenste Art und Weise immer und immer wieder wiederholen. Am besten so lange, bis du nicht mehr an jeden einzelnen Bewegungsablauf denken musst, weil er automatisiert ist. Das Techniktraining sollte sich dabei immer am Wettkampf orientieren. Technisches Können darf nie dem Selbstzweck dienen und ist erst dann wertvoll, wenn es in den notwendigen Spielsituationen zielbewusst eingesetzt werden kann. Für jeden Fußballspieler ist es enorm wichtig, sich ständig neue Technikformen anzueignen und diese immer weiter zu verbessern.

Nicola

Auch wenn es noch so viel Spaß macht: Es reicht nicht, beim Training den Ball unendlich lange in der Luft zu jonglieren. Du solltest jede Technik auch im Spiel anwenden können.

Üben, üben, üben — so lernt man das richtige Führen des Balls.

44

> **Bewusste Steuerung der Bewegung für die neue Technik.**
>
> **Konzentration auf jede Teilbewegung.**
>
> **Ständge Leistungsverbesserung.**

> **Scheinbarer Stillstand:**
>
> **»Umprogrammierung«.**

> **Die Bewegung verläuft automatisch.**

Anzahl an Wiederholungen wirst du die Übungen immer mehr automatisieren. Achte aber darauf, die Technik auch unter Wettkampfbedingungen zu üben, denn nur so wirst du sie im Spiel richtig anwenden können.

Diese Grundtechniken solltest du in den verschiedenen Spielsituationen schnell und sicher ausführen können. Ob du auf dem richtigen Weg bist, merkst du dann, wenn deine Pässe bei deinem Mitspieler landen, wenn du deinen Gegner erfolgreich umdribbeln kannst oder wenn du den Ball im gegnerischen Tor versenkt hast.

Grundsätze für das Techniktraining

Beim Erlernen einer neuen Technik sollte dir dein Trainer zuerst einmal die Übung erklären. Dies ist wichtig, um zu wissen, worauf du achten musst, was du vermeiden solltest und wie das Ziel der Übung für dich aussieht. Nach der Erklärung folgt die Demonstration der Technikform durch deinen Trainer. Er gibt dir damit eine genaue Vorstellung, wie die Übung aussehen sollte. Versuche dir den Ablauf so genau wie möglich einzuprägen. Schau dir den Ablauf so lange an, bist du ihn wirklich verstanden hast. Dann beginnst du selbst mit dem Üben. Dabei darfst du nicht glauben, dass du die Technikform auf Anhieb richtig ausführen kannst, meist lernst du es erst nach und nach.

Fang mit dem Einfachen an und steigere dich dann zum Schwierigen, bis du den gesamten Bewegungsablauf der Übung ausführen kannst. Dabei macht es gar nichts, wenn du ihn zuerst in langsamem Tempo beherrschst. Dann ist es wichtig, dass du am Ball bleibst. Üben, üben und noch einmal üben ist das Motto. So lange, bis du sicher in deinen Aktionen wirst. Bestimmt kommt auch einmal der Moment, in dem du das Gefühl hast, nicht mehr weiterzukommen. Das ist ganz normal und darf dich nicht entmutigen. Dein Körper bereitet sich auf die nächste Stufe deiner Entwicklung vor. Wenn du richtig dran bleibst, wirst du diesen Punkt überwinden und merken, dass es immer noch ein wenig besser geht.

Wie lange du brauchst, um eine Technik zu beherrschen lässt sich nicht sagen, aber ohne den entsprechenden Fleiß geht es auf keinen Fall. Durch eine entsprechende

Beim Fußball unterscheidet man mehrere Grundtechniken. Du siehst sie in der Grafik auf Seite 45.

1. Passen/Stoßen
2. Dribbling und Fintieren
3. Ballkontrolle (Ballan- und -mitnahme)
4. Ballabnahme (Tackling)
5. Torschuss
6. Kopfballspiel

Die verschiedenen Technikformen beim Fußball muss jeder Spieler beherrschen.

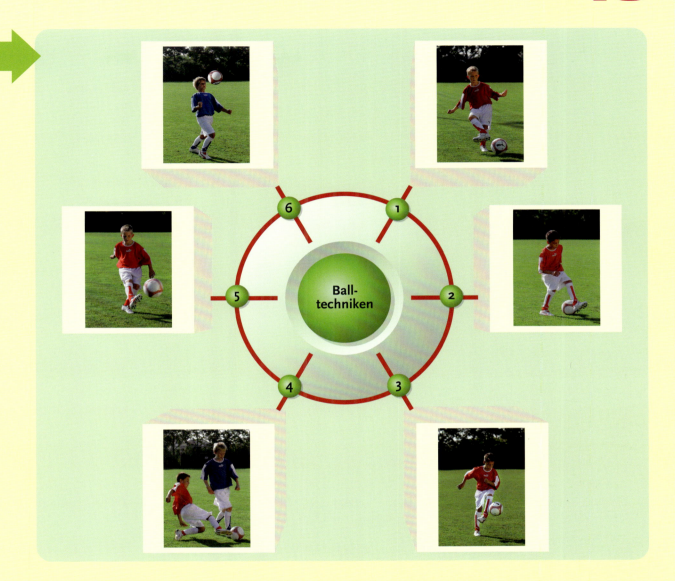

Passen/Stoßen

Ein präzise in den Lauf des Mitspielers gespielter Pass, eine Flanke im richtigen Moment vor das gegnerische Tor oder auch eine überraschende Spielverlagerung, sind nur einige Beispiele, die dir zeigen, ob du eine gute Pass- und Stoßtechnik hast. Um gut Fußball zu spielen, ist das Beherrschen dieser Technik eine Grundvoraussetzung. Denn aus Fehlern im Abspiel ergeben sich zwangsläufig Ballverluste, die dem Gegner Spielvorteile ermöglichen. Spitzenmannschaften wie etwa der FC Barcelona oder Arsenal London zeichnet oft ein erstklassiges Kombinationsspiel aus.

Nicht mit der Fußspitze
Das Problem für fast alle Fußballanfänger ist, dass sie den Ball zunächst nur mit der Fußspitze spielen. Diese Technik ist natürlich falsch, da der Ball auf diese Weise kaum zu kontrollieren ist und nur selten dort landet, wo er landen sollte.

Ein guter Fußballspieler ist immer auch zweikampfstark, um den Ball für sich zu gewinnen.

Wenn du Technikformen erlernen oder verbessern möchtest, denke daran:

- Du musst aufmerksam und konzentriert sein, wenn dir eine Technik gezeigt und erklärt wird.
- Du solltest nicht müde sein, da dir sonst die notwendige Konzentration fehlt.
- Du musst die Motivation haben, um Techniken eigenständig zu üben.
- Neue Formen musst du viele, viele Male üben und dich dabei auch selbst kontrollieren und verbessern.
- Du musst den Mut haben, neue Technikformen im Spiel anzuwenden, und dich nicht entmutigen lassen, wenn es nicht gleich gelingt.

Die Stoßarten

Die hauptsächlich gebrauchten Stoßarten sind der Innenseitstoß, der Innenspannstoß, der Außenspannstoß und der Vollspannstoß. Die Bezeichnung richtet sich danach, mit welcher Partie des Fußes geschossen wird. Da es sich bei diesen Stoßarten um elementare Techniken des Fußballs handelt, ist von Anfang an auf eine technisch korrekte Ausführung zu achten. Außerdem solltest du immer beidfüßig trainieren, denn ein Fußballer ist erst dann perfekt, wenn er den Ball mit beiden Füßen gut spielen kann. Nur ein beidfüßiger Spieler kann jede Spielsituation meistern, denn er muss den

Ball nicht erst auf den »starken« Fuß legen. Allerdings bleibt für die Mehrzahl der Fußballspieler der rechte Fuß der stärkere, nur wenige schießen lieber mit dem linken Fuß.

In ihrer Bewegungsausführung sind sich die einzelnen Stoßtechniken sehr ähnlich, denn sie werden alle in drei Phasen unterteilt. Es gibt eine **Auftaktphase**, in der das Spielbein nach hinten ausschwingt, eine **Hauptphase**, in welcher der Ball getroffen wird und eine **Ausklangphase**, in der das Spielbein ausschwingt.

Innenseitstoß

Der Innenseitstoß ist von allen Stoßarten im Fußball die Technikform, die am besten geeignet ist, den Ball sicher und genau über kurze und mittlere Distanzen zu spielen, sowie platzierte Torschüsse aus kürzerer Entfernung zu landen. Da der Innenseitstoß im Spiel am häufigsten angewandt wird, muss beim Erlernen, aber auch beim Verbessern und Perfektionieren, immer wieder auf korrekte Ausführung geachtet werden. Fehler müssen sofort verbessert werden, denn einen falsch erlernten Bewegungsablauf kannst du später nur noch sehr schwer korrigieren. Also ist volle Konzentration angesagt.

Technikbeschreibung

Das **Spielbein** (das Bein, das den Ball spielt) drehst du aus dem Hüftgelenk nach außen und hältst es im Knie- und Fußgelenk leicht gebeugt. Deinen **Fuß** musst du fixieren und die gesamte Innen-

Der richtige Technikablauf beim Innenseitstoß mit Anlauf, Auftakt-, Haupt- und Ausklangphase (Foto 1–2 Seite 47, Foto 3–4 Seite 48).

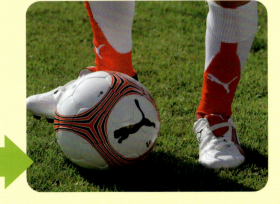

Die richtige Fußstellung des Stand- und Spielbeines beim Innenseitstoß.

48

  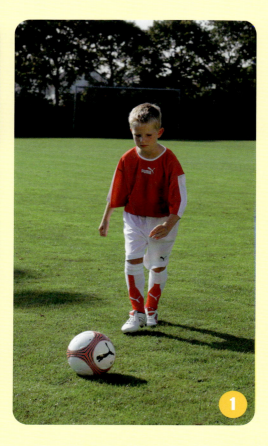

Der richtige Technikablauf beim Innenseitstoß mit Anlauf, Auftakt-, Haupt- und Ausklangphase (Foto 1–2 Seite 47, Foto 3–4 Seite 48).

seite muss in die angestrebte Spielrichtung zeigen. Wichtig, auf die Fußspitze zu achten, denn diese solltest du dabei angezogen haben. Der Ball wird mit der Fläche zwischen Zehenwurzel und Knöchel getroffen.

Das **Standbein** (das Bein, das auf dem Boden bleibt) zeigt mit der Fußspitze in die Richtung, in die du den Ball spielen willst und du musst es neben dem Ball aufsetzen. Bei Bällen, die hoch gespielt werden sollen, wird das Standbein dagegen hinter dem Ball gehalten.

Der **Oberkörper** spielt bei der Flugbahn des Balles eine sehr wichtige Rolle. Willst du den Ball flach spielen, muss dein Oberkörper über dem Ball bleiben. Bei hoch gespielten Bällen dagegen neigst du deinen Oberkörper eher nach hinten.

Innenspannstoß

Der Innenspannstoß ist eine Technik, die hervorragend geeignet ist, um lange Pässe mit einer hohen Flugbahn zu spielen. Häufig wird diese Stoßtechnik auch bei Eckstößen, Freistößen und Flankenbällen angewandt. Dabei ist eine Besonderheit von großer Bedeutung:
Den Innenspannstoß kannst du mit sogenanntem »Effet« spielen, der dem Ball eine besondere, bogenförmige Flugbahn

So sieht der Technikablauf beim Innenspannstoß aus: Anlauf, Auftakt-, Haupt- und Ausklangphase (Foto 1–4).

verleiht. Dies ist dann der Fall, wenn man den Ball nicht genau im Zentrum trifft, sondern an der Außenseite »entlangschrammt«. Der Ball erhält dadurch eine Eigendrehung, den sogenannten Drall, und fliegt eben nicht mehr auf einer geraden, sondern auf einer gebogenen Bahn. Mit dieser speziellen Technik zirkeln Profis wie David Beckham oder Ronaldinho den Ball um die Mauer herum ins gegnerische Tor.

Technikbeschreibung
Der **Anlauf** erfolgt im Gegensatz zum Innenseitstoß bogenförmig in Richtung des Ziels.
Das **Spielbein** musst du leicht nach außen drehen und den **Fuß** im Sprunggelenk fixieren. Der Ball wird mit der Innenkante des Fußristes getroffen.

Das **Standbein** solltest du bei einem richtig ausgeführten Innenspannstoß etwa zwei bis drei Fußbreiten neben dem Ball aufsetzen.
Der **Oberkörper** ist sehr wichtig für die Flugbahn des Balles: Willst du den Ball flach spielen, musst du darauf achten, dass du den Oberkörper nicht zu weit nach hinten beugst. Wenn du dir Bilder von Spitzenspielern ansiehst, die einen Innenspannstoß treten, wirst du sehen, dass ihr Oberkörper etwas zur Seite über das Standbein gekippt ist.

Außenspannstoß

Der Außenspannstoß gilt als eine der anspruchsvollsten Technikformen. Mit ihm kannst du hervorragend Bälle mit einer hohen Flugbahn spielen, die in der Regel über sehr viel Effet verfügen. Du kannst damit aber auch kurze, präzise Pässe spielen, die meist verdeckt und für den Gegner schwer zu verteidigen sind. Im Kinder-/Jugend- und Amateurbereich wird diese Technik auch oft bei Flankenbällen angewandt, um nicht mit dem schwächeren Bein spielen zu müssen. Wie bereits erwähnt, sollte dies aber die Ausnahme sein: Du solltest immer den schwächeren Fuß benutzen, denn nur so kannst du wirklich beidfüssig spielen!

Besonders spektakulär sieht es aus, wenn du den Außenspannstoß als Torschuss nutzt. Durch den bereits angesprochenen Effet wird der Ball für den Torhüter schwer einschätzbar und du kannst aus schier unmöglichen Lagen Tore erzielen.

Technikbeschreibung

Der **Anlauf** erfolgt genau wie beim Innenspannstoß bogenförmig in Richtung des Ziels, wobei immer von der jeweiligen Spielbeinrichtung angelaufen wird.

Das **Spielbein** musst du bei dieser Technik leicht nach innen drehen und den **Spielfuß** im Sprunggelenk mäßig gestreckt halten, wobei er nach innen gedreht fixiert wird. Der Ball wird mit der Außenseite des Fußristes getroffen.

**So sieht der Technikablauf beim Außenspannstoß aus:
Er besteht aus Anlauf, Auftakt-, Haupt- und Ausklangphase (Foto 1–4).**

Das **Standbein** musst du beim richtig ausgeführten Außenspannstoß etwa zwei Fußbreiten neben dem Ball aufsetzen. Wie bei allen anderen Stoßarten spielt auch bei dieser Technikform der **Oberkörper** wieder eine sehr wichtige Rolle: Soll der Ball flach gespielt werden, dann musst du unbedingt darauf achten, den Oberkörper nicht zu weit nach hinten zu beugen. Generell sollte der Oberkörper beim Außenspannstoß leicht nach vorne zur Standbeinseite geneigt sein.

Nico
Wenn du den Ball mit Effet spielen willst, egal ob mit dem Innen- oder Außenspann, dann merke dir folgenden Tipp: je schräger dein Anlauf zum Ball, desto mehr Effet bekommt dein Schuss.

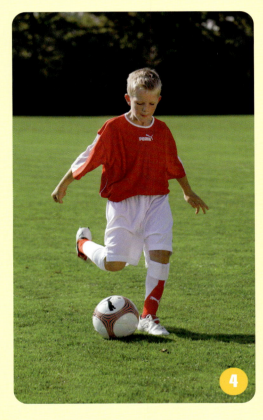

Die richtige Fußstellung des Stand- und Spielbeines beim Außenspannstoß.

52

Vollspannstoß

Mit einem Vollspannstoß kannst du am härtesten schießen und er ist daher auch am besten geeignet, wenn du sehr weite Pässe schlagen und scharf aufs Tor schießen willst. Gerade deshalb hat diese Technikform eine sehr große Bedeutung, denn was gibt es Schöneres für einen Fußballer, als den Ball mit einem satten Vollspannstoß ins gegnerische Tor zu jagen?

Die Einsatzmöglichkeiten dieser Technikform sind jedoch noch viel größer. Du kannst damit auch kurze Pässe spielen, allerdings brauchst du dafür schon eine Menge Gefühl. Der Ball kann mit dem Vollspannstoß sowohl flach als auch hoch gespielt werden.
Der Bewegungsablauf ist nicht sehr kompliziert, doch die geringe Berührungsfläche am Fuß ist oft dafür verantwortlich, dass der Ball nicht das gewünschte Ziel erreicht. Da hilft nur üben – gemeinsam im Fußballtraining oder allein auf dem Bolzplatz. Nur ein perfektes Zusammenspiel von korrekter technischer Ausführung und dem notwendigen Timing macht dies möglich. In der Realität gibt es jedoch nur wenige Spieler, selbst im absoluten Spitzenbereich, die über einen gezielten Vollspannstoß verfügen. Nicht jeder trifft den Ball so gut, und dabei auch noch so hart, wie zum Beispiel Roberto Carlos von Real Madrid.

Der richtige Technikablauf beim Vollspannstoß: Er besteht aus Anlauf, Auftakt-, Haupt- und Ausklangphase (Foto 1–4).

Kraftvoller Vollspannstoß von Miroslav Klose

Technikbeschreibung

Der **Anlauf** erfolgt beim Vollspannstoß geradlinig in Richtung des Ziels. Das **Spielbein** schwingst du geradlinig und explosiv nach vorne, wobei du unbedingt darauf achten solltest, dass dein **Spielfuß** im Sprunggelenk fixiert wird. Die Fußspitze zeigt nach unten und das Sprunggelenk wird gestreckt. Den Ball triffst du mit dem Fußrist oder Spann. Für das **Standbein** gilt, dass es ca. eine Fußbreite neben dem Ball aufgesetzt wird. Für die Position des **Oberkörpers** gilt das Gleiche wie bei den

Nicola

Um zu vermeiden, dass du beim Vollspannstoß zu hoch schießt, läufst du deinem Schuss sofort ein oder zwei Schritte nach. Dadurch kommst du nicht ständig in Rücklage und dein Oberkörper bleibt über dem Ball.

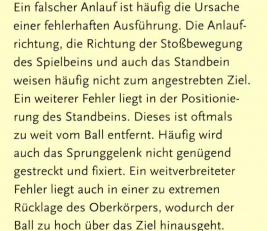

Die richtige Fußstellung des Stand- und Spielbeines beim Vollspannstoß.

vorangegangenen Stoßarten. Soll der Ball flach gespielt werden, dann musst du darauf achten, den Oberkörper nicht zu weit nach hinten zu beugen. Generell sollte der Oberkörper leicht nach vorne zur Standbeinseite geneigt sein.

Auf Grund der hohen Dynamik ist es oft nicht ganz einfach zu erkennen, warum der Vollspannstoß das gewünschte Ziel nicht erreicht hat. Dies erfordert eine gewisse Erfahrung, gibt es doch eine ganze Reihe von verschiedenen Fehlerquellen.

Ein falscher Anlauf ist häufig die Ursache einer fehlerhaften Ausführung. Die Anlaufrichtung, die Richtung der Stoßbewegung des Spielbeins und auch das Standbein weisen häufig nicht zum angestrebten Ziel. Ein weiterer Fehler liegt in der Positionierung des Standbeins. Dieses ist oftmals zu weit vom Ball entfernt. Häufig wird auch das Sprunggelenk nicht genügend gestreckt und fixiert. Ein weitverbreiteter Fehler liegt auch in einer zu extremen Rücklage des Oberkörpers, wodurch der Ball zu hoch über das Ziel hinausgeht.

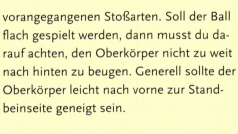

Sebastian Schweinsteiger dribbelt geschickt seinen Gegner aus.

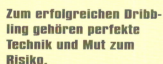

Zum erfolgreichen Dribbling gehören perfekte Technik und Mut zum Risiko.

Dribbling/Fintieren

Fußball hat sich in den letzten Jahren rasant weiterentwickelt und ist immer mehr zu einem Spiel der geringen Ballkontakte geworden. Vor allem aber ist es ein Laufspiel, in dem das Dribbling einen hohen Stellenwert hat. Dribbeln heißt, den Ball im Laufen mit kurzen Stößen vor sich herzutreiben, was im Englischen so viel wie »tröpfeln lassen« (to dribble) bedeutet.

Im Allgemeinen unterscheidet man drei verschiedene Formen des Dribblings: **Tempo-, ballsicherndes** und **gegnerüberwindendes Dribbling**, wobei die Unterschiede in der Dynamik der Bewegungsausführung liegen. Alle diese Formen kannst du sowohl mit der Innenseite, der Außenseite, der Sohle oder dem Spann des Fußes ausführen. Eine sichere Ballkontrolle hast du dann erreicht, wenn du den Ball mit beiden Füßen so eng führen kannst, dass dein Gegenspieler praktisch keine Chance hat ihn zu bekommen. Ein perfektes Dribbling zeichnet sich durch »blinde« Ballkontrolle aus, die dir als Dribbler die Möglichkeit bietet, das Geschehen auf dem Spielfeld immer im Auge zu behalten.

Tempodribbling

Wie der Name schon sagt, wird bei dieser Form des Dribblings der Ball mit sehr hohem Tempo geführt. Du solltest dabei den Ball so eng wie nötig am Fuß halten. Dein Oberkörper bleibt dabei aufrecht und dein Blick ist nach vorne auf das Spielgeschehen gerichtet. Anwendung findet diese Technik hauptsächlich dann, wenn man möglichst viel Raum überwindet, ohne von einem Gegner bedrängt zu werden, beispielsweise beim schnellen Einleiten eines Angriffs aus der Abwehr.

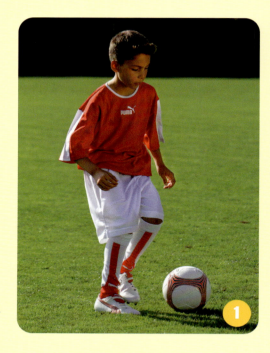

Ballsicherndes Dribbling

Diese Technik soll dir ermöglichen, den Ball gegen einen oder mehrere Gegner zu verteidigen, ohne dabei einen Raumgewinn zu erzielen. Dieses Dribbling wird bei allen Spielsituationen angewandt, in denen du den Ball in den eigenen Reihen halten möchtest oder keine Anspielstation findest, während der Gegner versucht dir den Ball abzunehmen. Bei der Ausführung ist es wichtig, den eigenen Körper zwischen Ball

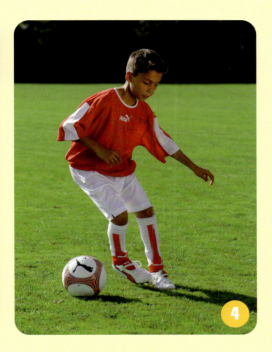

So sieht der Technikablauf beim einfachen »Übersteiger« aus: Der Gegner wird durch eine Körperfinte in die falsche Richtung geschickt (Foto 1–4).

und Gegenspieler zu bringen, um dadurch den Ball abzuschirmen.

Gegnerüberwindendes Dribbling/Fintieren

Dabei geht es um das Ausspielen des Gegners in einer Zweikampfsituation. Diese mit Abstand schwerste aller Dribblingarten beherrschen nur wenige Spieler perfekt. Umso mehr gilt diesen »Dribbelkünstlern« unsere Hochachtung und Bewunderung.

Spieler wie der Münchner Sebastian Schweinsteiger oder der Brasilianer Ronaldinho gelten als ausgezeichnete Dribbler und sind in der Lage, die Zuschauer mit ihren gekonnten Tricks zu verzaubern. Das Angebot an aussichtsreichen Finten ist mittlerweile sehr groß und reicht vom »einfachen Übersteiger«, über den »Wischer« bis hin zum »Ronaldinho-Trick«.

Eine ganz wichtige Voraussetzung ist natürlich, durch ständiges Üben die Tricks in Fleisch und Blut übergehen zu lassen und sie mutig im Spiel anzuwenden.

Nico

Wenn du ein wirklich guter Fußballer werden willst, musst du dir unbedingt ein möglichst großes Repertoire an Finten und Tricks aneignen, um damit im Wettkampf jede Zweikampfsituation optimal lösen zu können.

Ballkontrolle (Ballannahme/Ballmitnahme)

Die Technikform der Ballkontrolle hat sich im Laufe der letzten Jahrzehnte ziemlich verändert. Während in früheren Jahren eher die Technik des Stoppens verbreitet war und trainiert wurde, bestimmt den modernen Fußball mehr die An- und Mitnahme des Balles mit hohem Tempo und unter Gegnerdruck. Schaut man sich Fußballspiele beispielsweise aus den 1970-er Jahren an, dann fällt sofort auf, dass die Spieler damals noch die Zeit hatten, den Ball bis zur vollkommenen Ruhe zu stoppen

Gute Ballkontrolle bietet in einem Spiel oft einen entscheidenden Vorteil gegenüber einem Gegenspieler.

und ihn für die nächste Aktion zurechtzulegen. Im heutigen modernen Fußball ist dies, auf Grund der höheren Dynamik und Athletik, des schnelleren Spieltempos und des engeren Spielraums nicht mehr möglich. Das Ziel eines erfolgreichen Fußballspielers muss es daher sein, den zugespielten Ball mit jedem erlaubten Körperteil, unmittelbar und unter Gegnerdruck in die gewünschte Bewegung mitzunehmen und dabei möglichst wenig Tempo und Zeit zu verlieren.

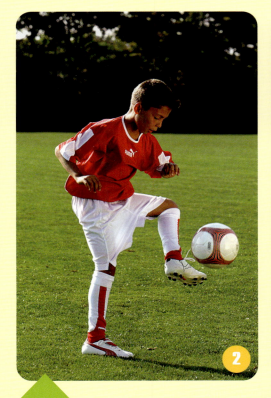  

Der richtige Technikablauf bei der Ballkontrolle eines Flugballes mit der Innenseite. Flach gespielte Bälle werden nach demselben Prinzip kontrolliert (Foto 1–4).

Grundsätzlich spielt es keine Rolle, ob die Ballan- und -mitnahme mit dem Kopf, der Brust, dem Ober- und Unterschenkel, dem Spann, der Fußinnenseite, der Fußaußenseite oder der Fußsohle erfolgt. In der technischen Ausführung lassen sich zwei Varianten unterscheiden:

Ballannahme
Der Körperteil, der den Ball annehmen soll, wird diesem entgegengeführt und gibt im Moment der Ballberührung entspannt und unverkrampft der Energie des Balles nach, federt diese elastisch ab und lenkt den Ball in die gewünschte Richtung.

Ballmitnahme
Die Energie bei der Ballberührung wird sofort in die gewünschte Richtung gelenkt.

Ballkontrolle mit der Innenseite
Dein Ziel ist es, schnellstmöglichst auf flache und hoch zugespielte Bälle zu reagieren. Die weiterführende Bewegungsrichtung kann gerade nach vorne oder zur rechten bzw. linken Seite gehen. Die Steuerung der Bewegungsrichtung erfolgt durch entsprechende Fuß- und Körperhaltung. Durch geschicktes Drehen des Oberkörpers kannst du den Ball sogar bis in eine 180°-Drehung mitnehmen. Wenn du in einer direkten Zweikampfsituation gezwungen bist, den Ball gegen einen direkten Gegenspieler zu kontrollieren, musst du vor der Ballan- und -mitnahme mit einer Körpertäuschung den Gegenspieler abschütteln.

Ballkontrolle mit der Außenseite

Auch mit der Außenseite kannst du flache und hoch zugespielte Bälle entsprechend kontrollieren. Die Bewegungsausführung ist technisch sehr anspruchsvoll, besonders bei hohem Gegnerdruck. Doch diese Art der Ballmitnahme ist äußerst effektiv und deshalb ein unbedingtes Muss in der Trainingsarbeit, da du meist den ganzen Körper zwischen Ball und Gegner stellen kannst und dadurch leichter in Ballbesitz bleibst. Wie bei der Ballmitnahme mit der Innenseite ist es auch hier sinnvoll, wenn du der eigentlichen Ballkontrolle eine Körpertäuschung vorausgehen lässt. Die Steuerung der Bewegungsabfolge erfolgt, genau wie bei der Ballkontrolle mit der Innenseite, durch entsprechende Fuß- und Körperhaltung. Einen aufspringenden Ball kannst du am besten kontrollieren, wenn du im Moment der Bodenberührung des Balls eine Art »Dach« mit deinem Unterschenkel über dem Ball bildest.

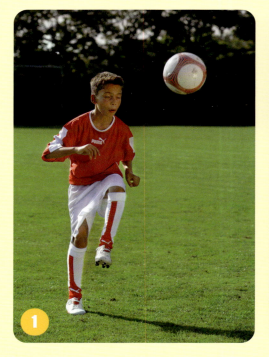

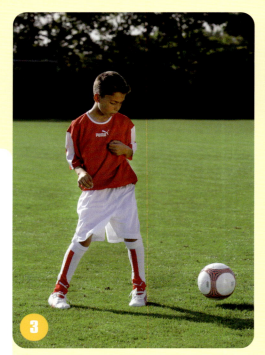

Der richtige Technikablauf bei der Ballkontrolle eines Flugballes mit der Außenseite des Fußes. Auch flach gespielte Bälle können nach demselben Prinzip kontrolliert werden (Foto 1–4).

Ballkontrolle mit der Brust

Im Spiel kommt es natürlich immer wieder vor, dass dir ein Ball so hoch zugespielt wird, dass du ihn nicht mehr mit dem Fuß kontrolliert kannst. In diesem Fall musst du den Ball mit der Brust annehmen, wobei sich auch hier zwei verschiedene Technikausführungen unterscheiden lassen.

Ballannahme

Der Oberkörper wird im Moment der Ballberührung nach hinten geführt, der Ball liegt auf der Brust auf und bleibt dadurch nahe am Körper. Den so kontrollierten Ball kannst du dann mit der Innen- oder Außenseite beim Herabfallen auf den Boden weiter verarbeiten (vergleiche dazu auch die Seiten 57 und 58).

Der richtige Technikablauf bei der Ballannahme eines Flugballes mit der Brust. Auffällig ist der nach hinten geneigte Oberkörper im Moment der Ballberührung (Foto 1—4; vergleiche auch Foto 1—4 auf Seite 60).

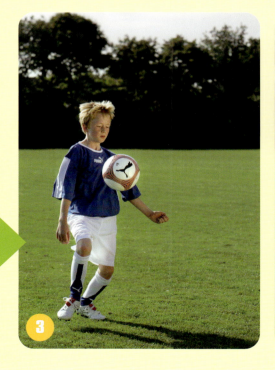

60

Ballmitnahme
Der Oberkörper wird im Moment der Ballberührung nach vorne über den Ball gekippt. Dadurch tropft der Ball schnell zu Boden und kann damit sofort in die Bewegung mitgenommen werden. Die Dynamik ist hier deutlich höher als bei der vorangegangenen Variante.

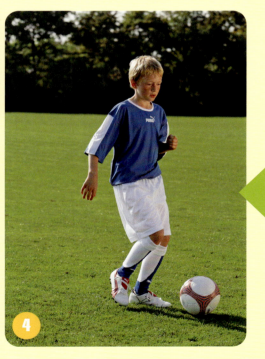

Der richtige Technikablauf bei der Ballmitnahme eines Flugballes mit der Brust. Auffällig ist hier der nach vorne geneigte Oberkörper im Moment der Ballberührung. Damit kannst du den Ball schneller nach vorne in die Bewegung mitnehmen (Foto 1–4; vergleiche auch Foto 1–4 auf Seite 59).

Ballkontrolle mit dem Oberschenkel/ Unterschenkel

Oberschenkel

Mit dem Oberschenkel kannst du in der Regel Bälle kontrollieren, die mit einer hohen Flugbahn anfliegen. Auch hierbei ist die große Berührungsfläche von Vorteil. Du musst dem Impuls des nahenden Balles sanft nachgeben, sonst springt er dir weit ab und landet schnell beim Gegner.

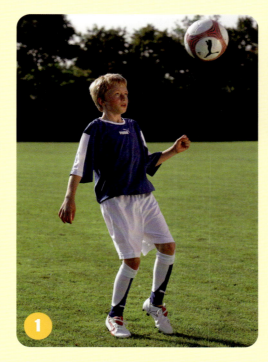

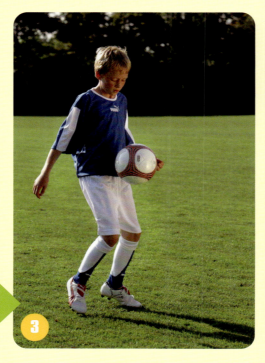

Der richtige Technikablauf bei der Ballkontrolle eines Flugballes mit dem Oberschenkel (Foto 1–4).

Unterschenkel
Der Unterschenkel eignet sich durch seine große Berührungsfläche hervorragend, um Bälle, die hoch zugespielt werden und kurz vor dir den Boden berühren, sofort in die Bewegung mitzunehmen. Der Unterschenkel wird wie ein »Dach« über den aufspringenden Ball gehalten, wodurch du ihn sofort in die gewünschte Richtung lenken kannst.

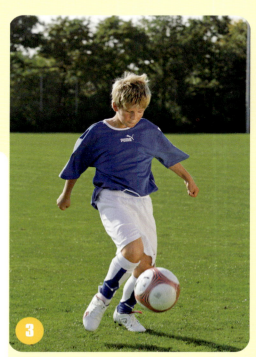

Der richtige Technikablauf bei der Ballkontrolle eines Flugballes mit dem Unterschenkel. Hier ist das Prinzip der »Dachbildung« über dem Ball wieder sehr gut erkennbar (Foto 1–4).

Nico

Du musst alle Technikformen der Ballkontrolle mit dem Fuß unbedingt beidbeinig trainieren. Wenn du den Ball nicht mit beiden Beinen mit hundertprozentiger Sicherheit in die Bewegung mitnehmen kannst, wirst du es sehr schwer haben, dich dem Druck deines Gegenspielers zu entziehen. Wichtig ist auch, dass du den Schwierigkeitsgrad der Übungen immer weiter erhöhst. Übe zuerst für dich alleine, dann mit Partner in Übungs- und Spielformen und nimm auch frühzeitig einen Gegenspieler dazu.

Die Technikformen der Ballkontrolle kannst du auch hervorragend für dich alleine trainieren, indem du dir den Ball selbst hochwirfst oder besser noch mit dem Fuß hochspielst.

Ballabnahme (Tackling)

Bei der Ballabnahme oder beim Tackling (engl.: to tackle = jemanden angreifen) geht es darum, dem Gegner den Ball abzunehmen, ihn vom Ball zu trennen und im besten Fall selbst in Ballbesitz zu kommen. Man spricht in solchen Situationen auch immer wieder von Zweikämpfen und Zweikampfverhalten. Eine alte Fußballweisheit besagt, dass die Mannschaft das Spiel gewinnt, die auch die meisten Zweikämpfe gewonnen hat. Statistische Auswertungen konnten diese Weisheit zwar nicht bestätigen, dennoch ist ein gutes Zweikampfverhalten zweifellos sehr wichtig: Denn erst dadurch kommst du oder deine Mannschaft überhaupt in Ballbesitz – und nur wer in Ballbesitz ist, kann auch ein Tor erzielen.

Für erfolgreiches Tackling sind einige Voraussetzungen nötig:
- Mut und Zweikampfstärke, denn manchmal kannst du dir bei Zweikämpfen ganz schön weh tun.
- Entschlossenheit und Wille, den Zweikampf wirklich zu gewinnen.
- Eine gewisse Geschicklichkeit im Kampf um den Ball.
- Gutes taktisches Verständnis, denn durch gutes Stellungsspiel kann man viele Situationen voraussehen und dadurch evtl. sogar Zweikämpfe vermeiden.
- Gute Abwehrtechnik, dann gewinnt man Tacklings viel leichter.

Beim Tackling selbst kann man verschiedene Arten/Techniken unterscheiden:

Rempeltackling

Der Abwehrspieler befindet sich neben dem Angreifer und versucht, durch Druck mit der Schulter diesen wegzuschieben und vom Ball zu trennen. Manchmal ist es aber nicht so einfach den Angreifer »wegzurempeln«. In diesem Fall solltest du als Abwehrspieler während des Rempelns versuchen, den Ball vom Fuß des Gegners wegzuspitzeln.

Die unterschiedlichen Formen der Ballabnahme werden in ihrer Gesamtheit als Tackling bezeichnet. Beim Rempeltackling wird der Gegner mit angelegtem Arm gerempelt und dann der Ball erkämpft.

Blocktackling

Der ballführende Angreifer wird von vorne, durch das Blockieren des Balls mit der Innenseite, vom Ball getrennt. Das Blocktackling funktioniert von der technischen Ausführung her fast so wie ein Innenseitstoß, nur dass der Abwehrspieler nicht selbst aktiv gegen den Ball tritt. Eigentlich soll der Fuß nur kräftig gegen den Ball gehalten werden. Im besten Fall wird dadurch der Ball blockiert und über den Fuß des Gegners gedrückt. Beim Blocktackling musst du unbedingt darauf achten, deine Beinmuskulatur anzuspannen und dein Fußgelenk zu fixieren.

Der richtige Technikablauf beim Blocktackling: Der Ball wird mit der Innenseite des Fußes blockiert (Foto 1–4).

Gleittackling/Sliding-Tackling
Der Abwehrspieler versucht durch seitliches Hineingrätschen den Ball vom Fuß des Angreifers zu spitzeln. Das Gleittackling ist eine sehr riskante Technik, da der Schiedsrichter oft nicht genau erkennt, ob der Ball oder der Fuß des Gegners getroffen wurde. So entscheidet der Schiedsrichter möglicherweise auf Foulspiel, obwohl der Abwehrspieler den Ball gespielt hat. Auch die Tatsache, dass du beim Verfehlen des Balles am Boden liegst ohne weiter eingreifen zu können, sollte dich das Gleittackling nur äußerst überlegt anwenden lassen.

Der richtige Technikablauf beim Gleittackling. Im Nachsetzen wird von hinten oder auch von der Seite der Ball nach einer Gleitphase mit der Innenseite des entfernteren oder der Außenseite des näheren Beines gespielt. Mit etwas Übung gelingt es dir auch den Ball so zu blockieren, dass du in Ballbesitz bleibst (Foto 1–4).

»Antizipationstackling«
Der Abwehrspieler fängt mit einem schnellen Antritt von schräg hinten nach vorne vor den Angreifer ein Zuspiel eines Gegners ab. Du versuchst also, vor der Ballannahme deines Gegners selbst in Ballbesitz zu kommen. Dazu musst du in der Lage sein zu erkennen oder zu erahnen (antizipieren), wann der Angreifer angespielt wird, um dich dann reaktionsschnell vor ihn zu schieben und vor ihm an den Ball zu kommen. Damit dies erfolgreich ist, musst du unbedingt versuchen, beim nach vorne Starten deinen Körper zwischen Ball und Gegner zu bringen. Nur so hast du die Chance, selbst an den Ball zu kommen.

Um erfolgreich im Zweikampf zu sein ist es wichtig, dass du die genannten Tacklingarten gut beherrschst. Welche der vier Arten du als Abwehrspieler einsetzt, hängt von der Position des Balles ab: Hat der Gegenspieler bereits den Ball oder musst du erst noch mit ihm um den Ballbesitz kämpfen? Wie stehst du zu deinem Gegenspieler und wo findet das Tackling auf dem Spielfeld statt? Im 16-Meterraum ist es beispielsweise nicht ratsam, den Gegner mit einem Gleittackling zu attackieren. Dabei kommt es oft zu einem Foulspiel und damit zum Strafstoß für die andere Mannschaft.

Was sonst noch in der Abwehr wichtig ist:

- Störe den Angreifer möglichst immer vor oder zumindest bei der Ballannahme. Wenn er erst einmal den Ball hat und sich damit Richtung Tor dreht, wird es immer schwerer, ihn vom Ball zu trennen.
- Decke nach Möglichkeit immer die innere Linie zum Tor, das heißt, du solltest den kürzeren Weg zum Tor haben.
- Behalte immer den Ball und den Gegenspieler im Auge.
- Je näher du am eigenen Tor bist, umso enger musst du deinen Gegenspieler decken.
- Versuche den Angriff eines Gegners, der auf dich zukommt, möglichst lange zu verzögern. Dann kann ein Mitspieler eingreifen und dir bei der Abwehr helfen.
- Einen hohen Ball solltest du möglichst niemals aufspringen lassen.

Der richtige Technikablauf beim Antizipationstackling: Wichtig ist dabei, dass du immer den Ball im Blick hast (Foto 1–3).

68

Ein erfolgreicher Torschuss ist für jeden Spieler die Krönung eines Spiels.

Torschuss

Die größte Faszination des Fußballspiels besteht für Zuschauer und Spieler darin, den Ball im gegnerischen Tornetz »zappeln« zu sehen. Was im Resultat oft so einfach und faszinierend aussieht, ist in Wirklichkeit eine sehr komplexe und anspruchsvolle Technik. Wie die WM 2006 in Deutschland mit einer Vielzahl an Weitschusstoren eindrucksvoll gezeigt hat, ist eine gute Schusstechnik im modernen Fußball unbedingt notwendig. Tore können auf unterschiedliche Weise erzielt werden, was ein entsprechend vielfältiges Torschusstraining erfordert.

Was gehört zu einem erfolgreichen Torschuss?
Für einen erfolgreichen Torschuss brauchst du neben einer guten Stoßtechnik, die bereits auf den Seiten 46 bis 53 erläutert wurde, auch das richtige taktische Verhalten. In der Regel musst du dich zuerst von deinem Gegner lösen, um überhaupt zum Schuss zu kommen. Dann benötigst du ein extremes Durchsetzungsvermögen im Zweikampf. Außerdem musst du in der Lage sein, blitzschnell zu Erkennen und zu Antizipieren (Vorausahnen), wie sich die Spielsituation entwickelt und wo der Ball hingespielt werden könnte.

Ein guter »Torriecher«
Verfügst du über all diese Qualitäten, dann hast du einen guten »Torriecher« wie man sagt, und wirst bestimmt ein erfolgreicher Stürmer. Der wohl berühmteste Stürmer ist Gerd Müller, der bis heute auf diesem Gebiet unerreicht ist

Ein gutes Torschusstraining muss alle diese Fähigkeiten optimal schulen. Dein Torschusstraining sollte auf verschiedenste Arten erfolgen und immer auch mit deinem schwächeren Fuß durchgeführt werden. Du solltest den Torschuss in Verbindung

Der Fallrückzieher ist die anspruchsvollste Art des Torschusses. Für einen perfekten Fallrückzieher brauchst du neben guter Technik und Timing auch eine Menge Mut.

69

Beim Seitfallzieher kannst du Bälle spielen, an die du sonst nicht mehr kommen würdest. Wichtig sind gutes Timing und Körperbeherrschung.

Fallrückzieher und Seitfallzieher sind die spektakulärsten Schüsse auf das Tor. Beim Fallrückzieher stehst du mit dem Rücken zum Tor und springst mit dem Bein ab, mit dem du nicht schießt. Dein Rücken befindet sich dabei waagerecht zum Boden. Dein Schussbein schnellt nach oben und trifft den Ball über deinem Körper. Im Idealfall fliegt er dann ins Tor. Beim Seitfallzieher liegt dein Körper seitlich waagerecht in der Luft. Dein Sprungbein zeigt in Richtung Boden. Wenn du den Ball gut triffst wird dieser extrem schnell und sehr schwer für den Torwart zu halten.

mit einem Dribbling, nach dem Zuspiel eines Mitspielers, nach vorheriger Ballkontrolle und natürlich auch direkt trainieren. Der Torschuss ist eigentlich keine eigene Technik, sondern eine Mischform aus mehreren der vorher beschriebenen Technikformen. Der Gegnerdruck muss dabei dem Leistungsniveau angepasst sein. Es empfiehlt sich, wenn möglich, immer auf ein Tor mit Torhüter zu schießen. Das macht einfach mehr Spaß und ist auch wettkampfnäher.

70

⬆ Gutes Kopfballspiel erfordert Technik, Kraft, Koordination und Mut. Im modernen Fußball ist diese Technik unbedingt notwendig.

einschätzen zu können. Man spricht in diesem Fall gerne davon, dass ein Spieler in der Lage sein sollte, ein Spiel zu lesen. Du brauchst Mut, in gefährlichen Situationen den Kopf »hinzuhalten«. Außerdem bestimmte physische Voraussetzungen, denn ohne die notwendige Sprungkraft in Verbindung mit dem richtigen Timing kannst du kein Kopfballduell für dich entscheiden.

Kopfballspiel

Eine gute Kopfballtechnik war schon immer wichtig im Fußball. Heutzutage gewinnt sie mit zunehmender Athletik, steigendem Tempo und enger werdenden Spielräumen sogar noch mehr an Bedeutung. Oft sind es sogenannte Standardsituationen wie Eckstöße, Freistöße, Abstöße, Abschläge vom Torhüter, die ein Spiel entscheiden. In solchen Situationen brauchst du eine perfekte Kopfballtechnik, um ein Tor mit dem Kopf vorzubereiten oder eines zu erzielen. Mit einem guten Kopfballspiel kannst du aber auch Tore des Gegners verhindern. Spieler wie beispielsweise Miroslav Klose sind in der Lage, ein Spiel auf Grund ihrer überragenden Kopfstosstechnik zu entscheiden. In modernen Spielsystemen, die mit sogenannten Abwehrketten – Dreierkette oder Viererkette – ohne klare Absicherung spielen, müssen die zentralen Abwehrspieler mit einem perfekten Kopfballspiel ausgestattet sein.

Ein Innenverteidiger ohne diese Qualität hat im nationalen und internationalen Vergleich keine Chance. Neben einer guten Technik brauchst du weitere Fähigkeiten für ein perfektes Kopfballspiel: gutes taktisches Verständnis, um Situationen richtig

Nico
Beim Kopfball ist es wichtig, dass du die Augen offen hast. Um dich an Kopfbälle zu gewöhnen, trainierst du am besten erst einmal mit leichteren Bällen.

71

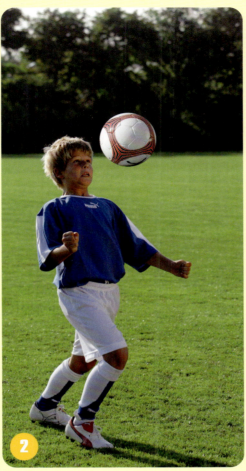
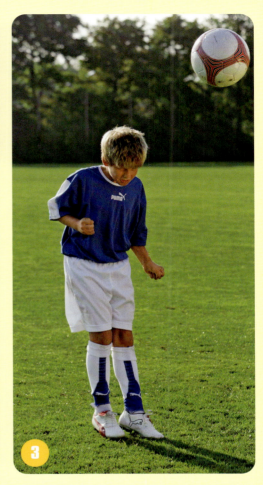

So sieht der richtige Technikablauf beim Kopfball aus dem Stand aus. Für einen erfolgreichen Kopfball ist entscheidend, dass du den Ball immer im Blick hast (Foto 1–3).

Technikbeschreibung

Der Kopfstoß lässt sich in seinen Anwendungsformen in mehrere Techniken unterteilen. Es gibt den Kopfstoß aus dem Stand, den Kopfstoß aus dem Sprung und den Flugkopfball. Die beiden erst genannten sind die am häufigsten praktizierten und somit auch die bedeutendsten. Jedoch zählt ein erfolgreicher Flugkopfball, knapp über der Rasennarbe, mit Sicherheit zu den spektakulärsten Aktionen im Fußball.

Kopfstoß aus dem Stand

Bei dieser Technikform ist es wichtig, dass du eine leichte Schrittstellung einnimmst und aus einer »Bogenspannung« des gesamten Körpers den Ball mit der Stirn triffst. Du darfst auf keinen Fall nur mit dem Kopf nicken, sondern du musst die gesamte Nackenmuskulatur fixiert halten und den Kopfstoß mit dem ganzen Körper durchführen. Die Augen sollten geöffnet sein, denn du musst den Ball auch wirklich sehen, um ihn gut zu »köpfen«.

Solche geradezu akrobatischen Spielszenen bleiben Zuschauern wie Spielern lange im Gedächtnis.

Kopfstoß aus dem Sprung

Der **Anlauf** ist bei dieser Technik geradlinig zum Ball. Dein **Absprung** erfolgt im Idealfall einbeinig, wobei es in bestimmten Situationen durchaus zu einem beidbeinigen Absprung kommen kann.
Dein **Sprungbein** wird zusammen mit dem anderen Bein (Schwungbein) nach dem Absprung nach hinten in die Bogenspannung geführt. Dein **Oberkörper** macht zuerst eine Ausholbewegung nach hinten in die Bogenspannung, um dann blitzartig nach vorne, dem Ball entgegen, zu schnellen. Die **Nacken- und Halsmuskulatur** bleibt auch hier wieder fixiert. Die **Trefferfläche** des Balles reicht von der Stirnmitte bis zu den seitlichen Stirnkanten. Deine **Augen** bleiben geöffnet und auf den Ball gerichtet.
Eine sehr wichtige Aufgabe haben auch deine **Arme**. Diese sind eine Art Widerlager für die Vorwärtsbewegung des Oberkörpers, deshalb solltest du sie im Moment der Ballberührung seitlich neben dem Körper fixiert halten.

Nico

Eine spektakuläre Art des Kopfstoßes ist der Flugkopfball: Dabei springst du nach vorne ab und spielst den Ball mit dem Kopf. Wichtig ist, dass du den Ball genau im Auge behältst, leicht in die Knie gehst und dann mit einem flachen Hechtsprung den Ball mit der Mitte der Stirn in Richtung Tor köpfst.

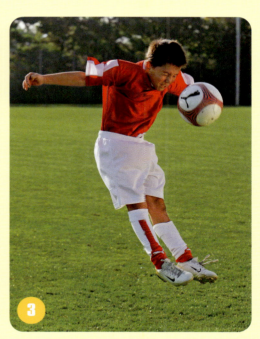

Der richtige Technikablauf beim Kopfball aus dem Sprung: Wichtig ist dabei das richtige Timing, eine gute Sprungkraft und der Blick zum Ball (Foto 1–3).

Der richtige Technikablauf beim Flugkopfball aus dem Anhechten (Foto 1–2).

74 Special

Europapokal und Champions League

Nicht nur für die Spieler, sondern auch für alle Fußballfans sind die Spiele um den Europacup der absolute Höhepunkt einer Saison.

Die besten Mannschaften Europas und die besten Spieler der Welt treffen hier aufeinander und sorgen mit ihren Fußballkünsten für hochrangige Fußballunterhaltung.

Früher gab es drei Wettbewerbe um den Europapokal: den **Europapokal der Landesmeister**, den **Europapokal der Pokalsieger** und den **UEFA-Pokal**. Im Pokal der Landesmeister spielten jeweils die Sieger der nationalen Meisterschaften, während im Pokal der Pokalsieger alle Sieger des nationalen Pokalwettbewerbs aufeinander trafen. Im UEFA-Cup spielten die Mannschaften, die in der nationalen Meisterschaft die Plätze zwei, drei und eventuell vier belegt hatten. Erfunden hatte den Europapokal der Landesmeister im Jahre 1955 von dem französischen Journalisten, Gabriel Hanot. Dieser fand es ungerecht, dass sich der Englische Meister Wolverhampton im Jahr 1954 als Europameister bezeichnete, obwohl er nur in zwei Spielen gegen den Meister aus Russland und Ungarn erfolgreich war. Hanot war empört und forderte, dass nur der Sieger eines Wettbewerbes, an dem alle Meister der nationalen Ligen teilnehmen, sich als Europameister der Vereinsmannschaften bezeichnen dürfe: Dies war die Geburtsstunde des Europapokals.

Champions League

Seit der Saison 1992/93 wurde der Pokal der Landesmeister durch die sogenannte Champions League ersetzt: Hier dürfen nicht mehr nur die jeweiligen nationalen Meister sondern auch die zweit-, dritt- und eventuell sogar die viertplazierten der stärksten europäischen Ligen gegeneinander spielen. Die Champions League wird in einem speziellen Modus aus Ligasystem in der Vorrunde und K.O.-System in der Hauptrunde ausgetragen. Nach Einführung der Champions League verloren die beiden anderen Wettbewerbe zusehends an Bedeutung und so wurde 1999 der Pokal der Pokalsieger mit dem UEFA-Pokal zusammengelegt.

Vier siegreiche Nationen

Seit 1955 beherrschen vier Länder die Europapokalwettbewerbe und gewannen eine Vielzahl von Titeln: England, Italien, Spanien und Deutschland. Nicht von ungefähr gingen von den 138 Titeln, die bis 2006 ausgespielt wurden, alleine 99 an diese vier. Die teilnehmenden Mannschaften dieser Länder zählen seit jeher zu den reichsten Vereinen der Welt und sind daher in der Lage, sich die besten und teuersten Spieler zu kaufen. Doch auch in europäischen Pokalwettbewerben gibt es immer wieder Sensationen und ein »Kleiner« besiegt einen der ganz Großen. Dies macht auch den besonderen Reiz und die Anziehung dieser Wettbewerbe aus.

Der FC Bayern München steht mit vier Siegen im Landesmeisterpokal (Champions League), einem Erfolg im Pokalsiegerwettbewerb und einem UEFA-Pokalsieg an der Spitze von allen deutschen Mannschaften, die sich bislang in die Siegerlisten eintragen konnten. Der Hamburger SV und Borussia Dortmund schafften es beide jeweils einmal den Landesmeisterpokal und einmal den Pokal der Pokalsieger zu erringen. Auch Borussia Mönchengladbach (zweimal), Eintracht Frankfurt, Bayer Leverkusen und Schalke 04 konnten sich als UEFA-Pokalsieger feiern lassen.

Der FC Bayern München war es auch, der 1999 an einem der denkwürdigsten Endspiele aller Zeiten teilnahm. Bis zur 90. Minute führten die Bayern gegen Manchester United und sahen wie der sichere Sieger aus. Doch in der Nachspielzeit geschah das Unfassbare: Manchester erzielte nach zwei Eckstössen, getreten von David Beckham, noch zwei Tore und schnappte somit den Münchnern den sicher geglaubten Titel in der letzten Spielsekunde weg. Die Revanche gelang den Bayern zwei Jahre später, als sie sich in einem ebenfalls dramatischen Endspiel im Elfmeterschiessen gegen den FC Valencia durchsetzen konnten und zum letzten Mal die Krone des europäischen Vereinsfußballs errangen.

Der FC Barcelona, auch »Barca« genannt, zählt europaweit zu den erfolgreichsten Mannschaften. In seinen Reihen spielen die absoluten Top-Stars der Fußballszene.

75

Taktik

- **+** Grundsätze für das Taktiktraining
- **+** Taktikarten
- **+** Individualtaktik
- **+** Gruppentaktik
- **+** Mannschaftstaktik
- **+** Taktik des Spieltags
- **+** Spielsystem

Fußball ist im Grund sehr einfach und klar strukturiert und kann deshalb schnell und unkompliziert erlernt und gespielt werden.

Jeder Anfänger ist sofort in der Lage, den Grundgedanken des Spiels zu erkennen und ihn dann auch mehr oder weniger gut umzusetzen. Ziel des Spiels ist es, eigene Tore zu erzielen und gleichzeitig Tore des Gegners zu verhindern. Dies wird am besten dadurch erreicht, dass alle Spieler einer Mannschaft planvoll und durchdacht handeln und nicht wild und ungeordnet durcheinanderlaufen. Das nennt man die **Taktik des Spiels**. Taktik bedeutet übersetzt so viel wie »die Kunst der Anordnung«, man versteht darunter das planmäßige Verhalten von Spielern, Spielgruppen und Mannschaften, um ein Spiel zu gewinnen.

Grundsätze für das Taktiktraining

Taktiktraining erfordert viel Zeit und Übung. Dabei ist es wichtig, dass euch eine Mischung aus Übungs- und Spielformen im Training angeboten wird. Die Übungen sollten auf keinen Fall konstruiert, sondern immer am Spiel orientiert sein. Sinnvoll ist es, wenn euer Trainer bei bestimmten Spielsituationen korrigierend eingreift, denn so kannst du als Spieler dein Verständnis für solche Situationen schulen. Es ist deshalb sehr wichtig, dass du aktiv und bewusst am Lernprozess teilnimmst und dadurch dein taktisches Verständnis verbesserst.
Entscheidend ist, dass du die Taktik deines Trainers verstehst und sie auch akzeptierst.

Nur wenn du mit den taktischen Vorstellungen des Trainers einverstanden bist, kannst du sie auch wirklich umsetzen.

Was wichtig ist

Grundsätzlich solltest du lernen, unerwartete Situationen selbstständig und erfolgreich zu lösen. Deshalb hilft es dir auch nicht, wenn du taktische Vorgaben schematisch trainierst. Mit einer guten taktischen Ausbildung hast du verstanden, dass eure Mannschaft ein geordnetes Zusammen-

Man unterscheidet beim Fußball zwischen Mannschafts-, Gruppen- und Individualtaktik.

Nicola
Einer allein kann beim Mannschaftsspiel Fußball nichts ausrichten. Aus diesem Grund ist die Taktik im Fußball von enormer Bedeutung.

spiel benötigt, um gut Fußball zu spielen. Das beginnt in der Abwehr mit der Spieleröffnung, geht im Mittelfeld mit dem Spielaufbau weiter und endet im Sturm mit dem Angriffsabschluss. Dir ist auch klar, dass jeder Spieler auf einer bestimmten Position und in einer Positionsgruppe spielt und dass es unbedingt notwendig ist, dass sich jeder an diese Positionen hält. Ebenso hast du verstanden, dass deine Mannschaftskollegen und du nach Ballverlust möglichst schnell versuchen müsst, den Ball zurück zu erobern. Mit einem guten taktischen Verständnis habt ihr auch immer den richtigen Plan, um erfolgreich zu sein.

Verschiedene Taktikarten

Taktisches Handeln wird von dir als Spieler (**Individualtaktik**), von einzelnen Positionsgruppen (**Gruppentaktik**) und der gesamten Mannschaft (**Mannschaftstaktik**) erwartet. Außerdem unterscheidet man auch noch die **Taktik der einzelnen Spielpositionen** (z. B. Innenverteidiger, Mittelfeldspieler usw.) und die **Taktik des Spieltages**. Die verschiedenen Taktikbereiche sind nochmals zu unterteilen, abhängig davon, ob du selbst bzw. deine Mannschaft in Ballbesitz ist, oder die gegnerische Mannschaft bzw. dein direkter Gegenspieler. Man spricht dann entweder von **Angriffstaktik** oder von **Abwehrtaktik**.

Angriffstaktik

Damit dein Team ein Spiel gewinnt, muss es mehr Tore schießen als der Gegner. Nur wenn ihr in der Lage seid, euch Torchancen zu erspielen, könnt ihr auch Tore schießen. Aus diesem Grund, überlegt sich euer Trainer vor dem Spiel eine sogenannte Angriffstaktik (Offensivtaktik). Er entscheidet, ob er mit einem, zwei oder gar drei Stürmern spielt, ob er über die Flügel zum Erfolg kommen will oder mit einem Kurzpassspiel durch die Mitte.

Eine Grundtaktik im Offensivspiel wurde bereits von Sepp Herberger, dem Trainer der Weltmeisterelf von 1954, formuliert und hat noch heute Gültigkeit: »Beim Angriffsspiel geht es darum, dort, wo die Entscheidung fällt, zahlenmäßig stärker zu sein als der Gegner.« Einfach gesagt heißt das, mit gewonnenen Dribblings eine Überzahl zu schaffen oder mit ständigem frei Laufen und kurzen Pässen einen Mitspieler frei zu spielen. Gute Mannschaften schaffen es immer wieder, den Ball in den eigenen Reihen laufen und den Gegner hilflos zurückzulassen. Es ist zwar schwieriger, das eigene Spiel kreativ aufzubauen und mit einer Angriffstaktik zu bestimmen, als das Spiel des Gegners zu zerstören. Jedoch ist man mit dieser Spielweise dem Gegner immer einen Schritt voraus. Diese Spielauffassung wurde in den 1970-er Jahren durch die niederländische Nationalmannschaft perfektioniert. Sie wurde als »totaler Fußball« bezeichnet. Die Abwehrspieler erhielten die Aufgabe, sich in das Angriffsspiel einzuschalten, wodurch das Spiel sehr variabel wurde. Damals stellte das die attraktivste Spielweise dar. Die modernen Angriffstaktiken haben sich aus dieser revolutionären Spielweise entwickelt.

Abwehrtaktik

Herbert Chapman, der legendäre Trainer von Arsenal London und Erfinder des WM-Systems, hatte eine ganz einfache Auffassung von Abwehrtaktik (Defensivtaktik), welche auch heute noch gilt: »Wenn es uns gelingt, ein Tor zu verhindern, haben wir einen Punkt gewonnen. Schießen wir aber zudem noch ein Tor, dann haben wir zwei

Ein erfolgreicher Mittelfeldspieler wie Michael Ballack muss über vielseitige Fähigkeiten verfügen.

Du solltest in der Lage sein, Spielsituationen schnell und richtig zu erkennen, einzuschätzen und dann deine taktischen Kenntnisse gezielt einsetzen. Bei der Individualtaktik ist nach Spielposition und Aufgabe im Spiel zu unterscheiden. Wenn du in der Verteidigung spielst, hast du taktisch völlig anders zu agieren als ein Spieler im Angriff. Zu den individualtaktischen Fähigkeiten, die du für das Offensivspiel brauchst, zählen: das frei Laufen/Lösen vom Gegenspieler, das Anbieten für ein Zuspiel und daran anschließend die An- und Mitnahme des Balls, das Passspiel, das Dribbling und der Torschuss. In der Defensive gehören das Stellungsspiel und das direkte Zweikampfverhalten zu deinem taktischen Rüstzeug.

Gruppentaktik

Fußball ist ein Mannschaftsspiel, und daher kann sich der Erfolg nur dann einstellen, wenn die individuellen Fähigkeiten der Spieler optimal aufeinander abgestimmt sind. Bei der Gruppentaktik unterscheidet man allgemeine und spezielle gruppentaktische Handlungen. Unter **allgemeiner Gruppentaktik** versteht man gewisse standardisierte Formen des Zusammenspiels innerhalb einzelner Spielgruppen. Diese Formen müssen von allen Spielern beherrscht werden, unabhängig von der jeweiligen Spielposition. Aus diesem Grund müssen sie von allen Spielern in gleicher Weise und in gleichem Umfang trainiert werden. **Spezielle Gruppentaktik** zielt auf abgestimmte Aktionen von Spielern in einzelnen Positionsgruppen und Mannschaftsteilen oder zwischen diesen ab. Meist wer-

Punkte.« (Anmerkung: Damals gab es für einen Sieg nur zwei Punkte, heute sind es drei Punkte). Eine gute Abwehrtaktik ist darauf ausgerichtet, das eigene Tor zu verteidigen, die gegnerischen Angreifer zu decken und den Spielaufbau und das Kombinationsspiel des Gegners zu zerstören. Wie bei der Angriffstaktik bestimmt dein Trainer vor dem Spiel auch die Abwehrtaktik: Er entscheidet darüber, ob ihr mit Manndeckung oder Raumdeckung spielt, oder ob ihr eine Mischform aus beiden Taktiken anwendet.

Individualtaktik

Unter Individualtaktik versteht man alle Spielelemente im Angriff und in der Verteidigung, die du als Spieler beherrschen musst, um eine Situation erfolgreich zu lösen. Wie die Grafik auf Seite 38 bereits gezeigt hat, kann man erfolgreiches taktisches Handeln auf keinen Fall isoliert betrachten, es sind immer mehrere Faktoren von Bedeutung: So musst du die fußballspezifischen Techniken sicher beherrschen und über die notwendigen konditionellen Fähigkeiten verfügen.

Im Champions League-Finale von 2006 kämpften Henry Thierry für Arsenal London und Deco für den FC Barcelona um den Sieg – Gewinner war »Barca«.

den solche Aktionen durch eine vorgegebene Mannschaftstaktik oder das gewählte Spielsystem vorgegeben.

Zu den gruppentaktischen Fähigkeiten gehören:

- In der Offensive das Kombinationsspiel, der Positionswechsel, das Flügelspiel, der Konterangriff, der Positionsangriff, die Spielverlagerung und Standardsituationen.
- In der Defensive sollten Raum- und/oder Manndeckung, Absichern, das Übergeben und Übernehmen, die Abseitsfalle, das Verschieben in Ballnähe und das Forechecking, das frühzeitige Stören des gegnerischen Angriffs, beherrscht werden.

Mannschaftstaktik

Mannschaftstaktik beschreibt alle Spielaktionen, die im Zusammenhang mit dem Zusammenwirken der gesamten Mannschaft stehen. Ausschlaggebend für mannschaftstaktische Handlungen sind die individualtaktischen Fähigkeiten der Spieler und das taktische Verständnis der einzelnen Positionsgruppen. Eine Mannschaftstaktik sollte sich immer an den gegebenen Fähigkeiten der Spieler orientieren, die einem Trainer zur Verfügung stehen.

Im Angriffsspiel lassen sich zwei wesentliche mannschaftstaktische Handlungen unterscheiden. Zum einen das **Konterspiel**, bei dem nach Balleroberung möglichst schnell und geradlinig auf das gegnerische Tor gespielt wird, um die kurzzeitige Unordnung der gegnerischen Verteidigung auszunützen. Diese Spielweise ist in der Regel sehr Erfolg versprechend und wird oft angewendet. Ein hervorragendes Beispiel dafür ist die Mannschaft des FC Arsenal London, die mit ihrem schnellen Stürmerstar Thierry Henry diese Spielweise perfektioniert hat und damit das Champions-League-Finale 2006 gegen den FC Barcelona erreicht hat.

Zum anderen gibt es auch die Möglichkeit des langsameren und damit sicheren Spielaufbaus. Man spricht in diesem Fall vom **Positionsangriff**. Diese Spielweise wird von Mannschaften ausgeführt, die über große Ballsicherheit, aber keine extrem schnellen Stürmer verfügen.

Im Abwehrverhalten gibt es eine Reihe von mannschaftstaktischen Möglichkeiten, beispielsweise das Pressing, die Manndeckung, die Raumdeckung sowie Mischformen daraus. Der moderne Fußball tendierte in den letzten Jahren immer mehr in Richtung ballorientierte Gegnerverteidigung. Diese Taktik geht davon aus, dass kein Spieler für einen bestimmten Gegenspieler zuständig ist, sondern für den Gegner, der sich in seinen Deckungsraum hineinbewegt. Der Spieler am Ball wird sofort von mindestens einem Spieler attackiert, der sich am nächsten bei ihm befindet. Dabei spielt es keine Rolle, auf welcher

Position er spielt. Die ballentfernten Abwehrspieler verschieben sich gleichzeitig in Richtung Ball und schirmen den Raum nach hinten ab. Bei einer Spielverlagerung der ballbesitzenden Mannschaft verschiebt sich die komplette Abwehr auf die entsprechende Seite. So wird der Spielraum für die Mannschaft im Ballbesitz sehr eng. Die abwehrende Mannschaft hat es dadurch viel leichter, an den Ball zu kommen. Seit vielen Jahren sind gerade italienische Mannschaften Meister dieser Abwehrtaktik. Nicht ohne Grund wurde deshalb auch die Mannschaft aus Italien 2006 mit dieser perfekt praktizierten Taktik Weltmeister.

Taktik des Spieltags
Das Ziel eines taktischen Konzepts ist die Verbesserung der Individualtaktik, der gruppentaktischen Elemente und die Perfektionierung der Mannschaftstaktik. Da im Fußball aber oft nur die aktuellen Erfolge zählen, ist es auch immer wieder nötig, auf aktuelle Erfordernisse zu reagieren. Es gibt eine Vielzahl an Gründen, warum eine Abweichung von der eigentlichen Taktik sinnvoll sein kann.
Gründe für eine Änderung der Taktik können sein:

- Tabellenplatz: Ihr steht ganz oben oder ihr kämpft gegen den Abstieg.
- Tagesziel: Ihr wollt auf Sieg spielen oder seid mit einem Unentschieden zufrieden.

Bei der Weltmeisterschaft 2006 in Deutschland wurde Italien nicht zuletzt dank seiner hervorragenden Defensivtaktik Weltmeister.

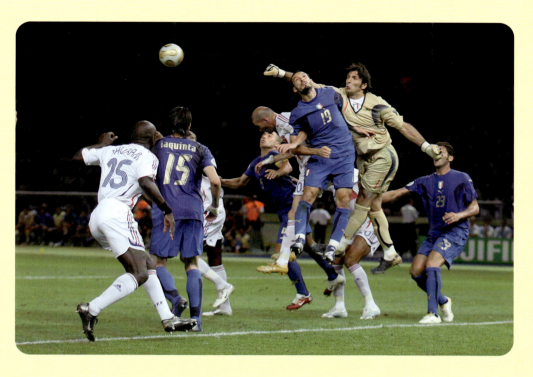

- Verfassung der eigenen Mannschaft: Ihr habt eine gute Stimmung in der Mannschaft oder es gibt Unruhe.
- Gegnerische Mannschaft bzw. besonders starke gegnerische Spieler
- Spielort: Heim- oder Auswärtsspiel
- Äußere Bedingungen: Der Platz ist durch Regen oder Schnee sehr schwer zu bespielen.

Neben diesen Gründen gibt es weitere unerwartete Ereignisse im Spielverlauf, die eine Abweichung von der ursprünglichen Taktik erfordern:

- Spielstand: Wenn ihr kurz vor Schluss hinten liegt, kann es sein, dass euer Trainer noch einen weiteren Stürmer einwechselt.
- Ausfälle von wichtigen Spielern: Euer bester Stürmer fehlt und deshalb will dein Trainer lieber etwas defensiver spielen.
- Feldverweise
- Umstellungen bei der gegnerischen Mannschaft
- Unerwartete Schwächen bei eigenen oder gegnerischen Spielern

Auch wenn diese Faktoren eine Umstellung der taktischen Marschroute rechtfertigen können, muss es eigentlich das Ziel der Mannschaft sein, das eigene Spielsystem und die ursprüngliche Taktik beizubehalten. Ein zu häufiger Wechsel birgt meist die Gefahr von Verunsicherung und in der Regel beraubt man sich seiner eigenen Stärken.

Spielsysteme

Unter dem Begriff Spielsystem versteht man die Anordnung der Spieler auf dem Feld. Vor dem Spiel stellt euer Trainer die Mannschaft zusammen. Ein gutes Team besteht aber nicht zwangsläufig aus den besten elf Einzelspielern, sondern vielmehr aus den Spielern, die am besten miteinander harmonieren. Das System legt fest, in welcher Positionsgruppe jeder einzelne Spieler spielt und wie viele sich jeweils in den einzelnen Mannschaftsteilen befinden. Meist kann man das von einem Trainer gewählte Spielsystem nur zu Beginn eines Spiels und unmittelbar nach der Halbzeit wirklich eindeutig erkennen. Nämlich dann, wenn sich die Mannschaften vor dem Anpfiff aufstellen.

Zonen auf dem Fußballfeld

Das Fußballfeld lässt sich in drei Zonen oder Positionsgruppen (Mannschaftsteile) aufteilen: Es gibt eine **Verteidigungszone** (Abwehr), eine **Verbindungszone** (Mittelfeld) und eine **Angriffszone** (Sturm) mit jeweils bestimmten Aufgaben. Das Spielsystem legt erst einmal nur die Anzahl der Spieler fest, die jeder dieser Zonen zugeordnet sind. Du hast bestimmt schon gehört, dass von einem 4–4–2 System gesprochen wird. Das bedeutet, dass **vier** Spieler für die Aufgaben in der Verteidigungszone eingeteilt sind, vier Spieler im Mittelfeld und zwei Spieler als Stürmer spielen. Die Systembezeichnung (4–4–2, 4–3–3 oder 3–5–2) gibt also nur die Ausgangsformation einer Mannschaft an.

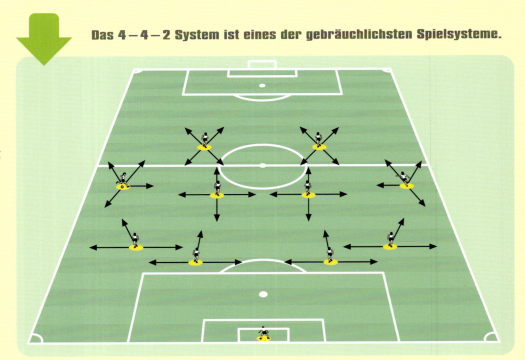

Das 4–4–2 System ist eines der gebräuchlichsten Spielsysteme.

Wie die Mannschaft in diesem System spielt oder wie sich einzelne Spieler oder Positionsgruppen im Spiel verhalten, ist daraus nicht ersichtlich. Bei einem 4–4–2 System beispielsweise gibt es verschiedene Möglichkeiten der Anordnung auf dem Feld: Die Spieler können in zwei Viererketten mit zwei Stürmern spielen, oder sie können mit einer Viererkette in der Abwehr und einer »Mittelfeld-Raute« und zwei Stürmern agieren. Bei diesem System spielen zwei Spieler auf der zentralen Achse nebeneinander. Sie werden nach hinten von einem defensiven Spieler (im fußballerischen Sprachgebrauch: die Nummer 6) abgesichert. Außerdem spielt noch ein offensiver Spieler in der Spitze der Raute. Dieser Spieler hat die Aufgabe, die Stürmer mit Torvorlagen zu bedienen und zusätzlich selbst mit in den torgefährlichen Bereich hineinzugehen. Das »Rauten-System« wird heute von sehr vielen Mannschaften in der Bundesliga, aber auch im internationalen Fußball gespielt. Auch die Deutsche Mannschaft hat mit diesem Spielsystem bei der WM 2006 für viel Furore gesorgt.

Spielsysteme gestern und heute

Im modernen Fußball spielen die Mannschaften derzeit in 3–5–2, 3–4–3, 4–4–2 oder in 4–3–3 Systemen, wobei es auch hier noch genauere Unterteilungen geben kann. So finden sich vereinzelt auch Spielsysteme wie ein 4–3–2–1 oder ein 4–2–3–1, die bei der WM 2006 in Deutschland auch von einigen Mannschaften praktiziert wurden.
Die Entwicklung der Spielsysteme ist so alt wie der moderne Fußball selbst. Eines der ältesten Systeme, das auch lange Zeit als das Non-plus-ultra im Fußball galt, war das sogenannte »Passpyramiden-System«. Dieses wurde um 1880 in England gespielt. Es wurde mit zwei Verteidigern, drei Läufern und fünf Stürmern gespielt. Das System war sehr erfolgreich, nicht zuletzt weil zu dieser Zeit noch ohne Abseitsregel gespielt wurde. Erst als diese 1925 eingeführt wurde, musste sich zwangsläufig auch das Spielsystem ändern.
Im Jahr 1930 entstand das sogenannte »WM-System«, das vom englischen Trainer von Arsenal London, Herbert Chapman, erfunden wurde. In dieser Formation hatte man drei Abwehrspieler, zwei Läufer, zwei Halbstürmer und drei Stürmer. Der Name »WM-System« entstand aus der Anordnung der Offensivspieler, die an ein »W« erinnert und der Defensivspieler, die einem »M« gleicht. Alle Aufstellungsvarianten, in denen seither gespielt wurde und immer noch gespielt wird, sind im Grunde Abwandlungen dieses WM-Systems.

Spielauffassung des Trainers
Die Entscheidung für oder gegen ein Spielsystem hängt von mehreren Faktoren ab: In erster Linie entscheiden die Grundeinstellung und die Spielauffassung des Trainers über das Spielsystem. Ein Trainer, der offensiven Fußball bevorzugt, wird mit zwei oder gar drei Stürmern spielen und dafür eventuell in der Abwehr nur drei Verteidiger aufbieten. Ein Trainer mit einer defensiveren Grundeinstellung wird in der Regel nur

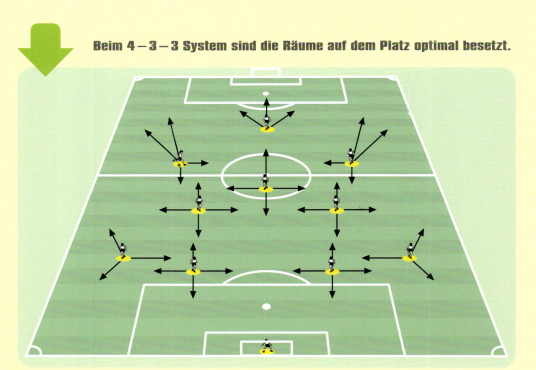

Beim 4–3–3 System sind die Räume auf dem Platz optimal besetzt.

mit einem Stürmer spielen und dafür mehr Spieler in der Defensive aufbieten.
Ein weiterer Aspekt ist aber auch die zur Verfügung stehende Auswahl an Spielern. Das Spielsystem sollte so ausgewählt werden, dass die Stärken der einzelnen Fußballer optimal zur Geltung kommen. Manchmal können auch Stärken oder Schwächen der gegnerischen Mannschaft das Spielsystem der eigenen Mannschaft beeinflussen: Wenn zum Beispiel bekannt ist, dass die gegnerische Mannschaft mit drei Stürmern spielen wird, dann wird ein Trainer in der Regel mit einer sogenannten »Viererkette« verteidigen, da er dadurch immer einen Abwehrspieler als Absicherung zur Verfügung hat.

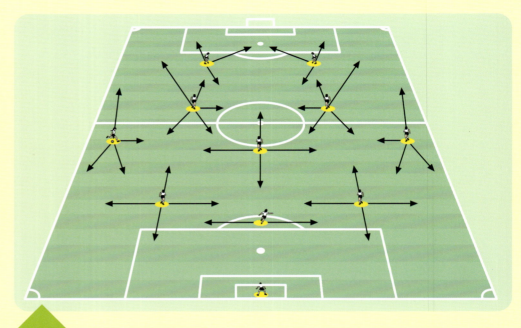

Beim Spielsystem 3–5–2 wird das Mittelfeld verstärkt.

Aktuelle Bedingungen
In einigen Fällen kann die Wahl des Spielsystems auch von aktuellen Spielbedingungen wie beispielsweise Witterungs- oder Platzverhältnissen abhängen. Manchmal wird auch aus taktischen Gründen das vorher festgelegte Spielsystem während des Spielverlaufs vorübergehend geändert.

Bei der Entscheidung für ein bestimmtes Spielsystem spielen unter anderem die Stärke des Gegners sowie die Zusammensetzung und Fitness der eigenen Mannschaft eine wichtige Rolle.

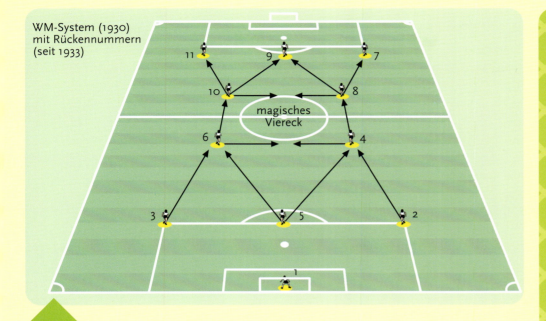

Das sogenannte WM-System ist charakterisiert durch das »magische Viereck« im Mittelfeld.

Einige Tipps für taktisches Verhalten in verschiedenen Spielsituationen:

Spiel ohne Ball:
- Hin zum Mann am Ball gehen.
- Aus dem Deckungsschatten des Gegners lösen.
- Der Spieler ohne Ball bestimmt Moment und Richtung des Abspiels.
- Dreiecksbildung anstreben, um dem Spieler am Ball mindestens zwei Anspielmöglichkeiten zu bieten.

Spiel mit Ball:
- Passspiel geht in der Regel vor Dribbling.
- Niemals vor dem eigenen Strafraum quer spielen.
- Im Dribbling nie das Tempo verlieren.
- Bringe deinen Körper zwischen Ball und Gegner.
- In der eigenen Spielfeldhälfte geht Sicherheit vor Risiko.
- In der gegnerischen Spielfeldhälfte geht Risiko vor Sicherheit.
- Versuche, jeden Angriff abzuschließen.
- Dein erster Gedanke ist meist der richtige.
- Nach Ballgewinn sofort den Blick nach vorne richten und einen freien Mitspieler anspielen.
- Nach Ballverlust sofort auf Abwehr (Balleroberung) umschalten.

So kann es etwa darum gehen, einen Rückstand aufzuholen oder ein Ergebnis zu sichern. Oft sieht man dann, dass ein Trainer entweder weitere Stürmer auf das Feld schickt oder im umgekehrten Fall mehr Abwehrspieler zur Sicherung des eigenen Tores einwechselt.

Bedeutung des Spielsystems

Über die Bedeutung des richtigen Spielsystems für den Erfolg einer Mannschaft wird unter Fachleuten und Laien bis heute gestritten. Es gibt durchaus prominente Trainer von Weltruf, die ein Spielsystem für nicht entscheidend halten. Zweifellos wichtig für ein erfolgreiches Spiel ist die Fähigkeit, diszipliniert zu spielen und trotzdem überraschend zu kombinieren. In der Anfangszeit des Fußballs wurde in England ein eher primitives »kick and rush« gespielt, was so viel bedeutet wie »trete und eile«. Dabei wurden die Bälle einfach nach vorne gedroschen und die Stürmer mussten versuchen, sie zu erreichen. Erst nach und nach wurde mehr Wert auf ein gepflegtes Kombinationsspiel mit kurzen, flachen Pässen gelegt. Richtungsweisend waren um 1930 die sogenannte »Wiener Schule« mit ihrem »Wiener Scheiberl-Spiel« und der sogenannte »Schalker Kreisel«. Beides Spielsysteme, die zu ihrer Zeit revolutionär und erfolgreich waren. Erfolgreich war auch das italienische »Catenaccio«, eine Defensivtaktik mit fünf Abwehrspielern.

86 Special

Die großen Turniere des Weltfußballs

 Das bedeutendste und größte Ereignis im Fußball findet alle vier Jahre statt: die **FIFA Fußball-Weltmeisterschaft (WM)**, bei der Mannschaften aus 32 Ländern und von allen Kontinenten der Erde gegeneinander antreten und um den Weltmeistertitel spielen. Damit eine Mannschaft an der WM teilnehmen kann, muss sie sich in sogenannten WM-Qualifikationsspielen durchsetzen. Am Ende der Qualifikation bleiben 32 Mannschaften übrig, die in Vorrundenspielen (Liga-System) und Hauptrundenspielen (K.O.-System) ihren Weltmeister ermitteln. Fußball-Weltmeisterschaften gibt es übrigens seit dem Jahr 1930: Damals wurde in Uruguay der erste Titelträger ausgespielt. Der Gastgeber selbst holte sich überlegen den ersten WM-Titel. Seither wird die FIFA Fußball-Weltmeisterschaft regelmäßig alle vier Jahre ausgespielt, nur 1942 und 1946 fand wegen des Zweiten Weltkriegs keine WM statt.

Das Wunder von Bern

Die großen Turniere des Weltfußballs waren schon immer eine Bühne für die besten Spieler der Welt und natürlich boten sie auch jede Menge Stoff für außergewöhnliche Geschichten. Manchmal brachten sie sogar Wunder hervor. So zum Beispiel im Jahr 1954 mit dem sogenannten »Fußball-Wunder von Bern«. Nach dem zweiten Weltkrieg fand die erste WM 1950 in Brasilien statt. Deutschland durfte an dieser WM nicht teilnehmen und so war es vier Jahre später, nämlich 1954 in der Schweiz, das erste Mal, dass eine Mannschaft der BRD wieder am größten Fußballfest der Welt teilnahm. Angeführt vom legendären Trainer der deutschen Auswahl, Sepp Herberger, und dem ebenso berühmten Spielführer, Fritz Walter, galt die Deutsche Nationalmannschaft als klarer Außenseiter. Doch die Deutschen schafften es, trotz einer empfindlichen Niederlage gegen Ungarn bis ins Finale. Dort trafen sie noch einmal auf die, zu dieser Zeit beste Mannschaft der Welt, die Ungarn. Sie galten als unbesiegbar und glänzten mit einer Reihe Stars unter ihren Spielern. Zunächst lief das Finale auch wie erwartet und die Ungarn lagen schnell mit 2:0 in Führung, doch Deutschland gelang es, den Ausgleich zu erspielen. Was dann geschah, ging in die Fußballgeschichte ein. Eine unvergessliche Live-Reportage im Radio brachte dies eindrucksvoll zur Geltung. »Sechs Minuten noch im Wankdorfstadion in Bern. Keiner wankt, der Regen prasselt unaufhörlich hernieder... Und Bozsik, immer wieder Bozsik, der rechte Läufer der Ungarn, am Ball. Er hat den Ball verloren, diesmal gegen Schäfer. Schäfer nach innen geflankt. Kopfball. Abgewehrt. Aus dem Hintergrund müsste Rahn schießen. Rahn schießt –Toooor, Toooor, Toooor, Toooor. Tor für Deutschland!!! ... Aus, aus, das Spiel ist aus. Deutschland ist Weltmeister !!!«

Nach diesem ersten WM-Titel konnte die Deutsche Fußball-Nationalmannschaft noch zweimal den begehrten Titel holen:

Der Sieg der Deutschen bei der WM 1954 wurde als »Wunder von Bern« Fußballgeschichte.

↑ Bei der WM 1990 in Italien besiegte die deutsche Nationalmannschaft Argentinien im Finale.

1974 im eigenen Land und 16 Jahre später, also 1990, in Italien. Mehrmals standen deutsche Spieler noch in einem Finale, zuletzt 2002 in Japan und Südkorea, doch unterlagen sie oft sehr unglücklich. So reichte es auch 2006, bei der WM in Deutschland, für die junge Truppe von Trainer Jürgen Klinsmann leider nicht ganz für das Finale. Im Halbfinale unterlag sie in der letzten Spielminute der Verlängerung dem späteren Weltmeister Italien und konnte so nur das Spiel um den 3. Platz bestreiten. Dieses wurde überlegen gegen Portugal gewonnen.

1968 wurde mit der ersten offiziellen **Fußball-Europameisterschaft (EM)** ein weiterer Wettbewerb ins Leben gerufen, der sich schnell zum bedeutendsten Fußballereignis nach der WM entwickelte. Die EM findet ebenfalls alle vier Jahre statt und zwar genau in der Mitte zwischen zwei Weltmeisterschaften. Der Qualifikationsmodus und der Turniermodus sind ähnlich dem der Weltmeisterschaft. Als Veranstalter zeichnet sich aber nicht die FIFA (Weltfußball Verband) aus, sondern die UEFA, der Europäische Fußballverband. Fußball-Weltmeisterschaften für Frauen gibt es übrigens seit 1991, Europa-Meisterschaften seit 1984.

Ähnliche Meisterschaften finden auf allen Kontinenten statt. So gibt es neben der EM auch die sogenannte »Copa America«, den Afrikanischen Nationencup, die Asienmeisterschaft und eine Ozeanienmeisterschaft.

Der strahlende Sieger bei der WM 2006: der Kapitän der italienischen Nationalelf Fabio Cannavaro. →

Kondition

- **+ Ausdauer**
- **+ Kraft**
- **+ Schnelligkeit**
- **+ Beweglichkeit**
- **+ Koordination**

Eine gute Kondition ist für deine Leistung im Fußball enorm wichtig, weil es einen klaren Zusammenhang zwischen Kondition, Technik und Taktik gibt. Hier lohnt es sich also, intensiv zu trainieren.

Da die Athletik im Fußball in den letzten Jahren eine zunehmend wichtige Rolle spielt, steckt in den konditionellen Fähigkeiten ein großes Steigerungspotenzial. Nicht zuletzt die Diskussionen um die Trainingsmethoden des ehemaligen Bundestrainers Jürgen Klinsmann, im Vorfeld zur WM 2006, haben gezeigt, wie wichtig dieser Bereich im Fußball geworden ist. Es gibt daher auch kaum einen Profiverein, der keinen eigenen Konditionstrainer hat. Ursprünglich stammt der Begriff »Kondition« aus dem Lateinischen, und bedeutet so viel wie »die Bedingungen und Grundvoraussetzungen etwas zu leisten«. Als Fußballer musst du im Laufe eines Spiels sehr viele verschiedene Dinge leisten, wie in der unten stehenden Grafik gut zu sehen ist.

Kondition ist also der Überbegriff für mehrere verschiedene Fähigkeiten, die du beim Fußball spielen brauchst: Ausdauer, Kraft, Schnelligkeit, Beweglichkeit und Koordination.

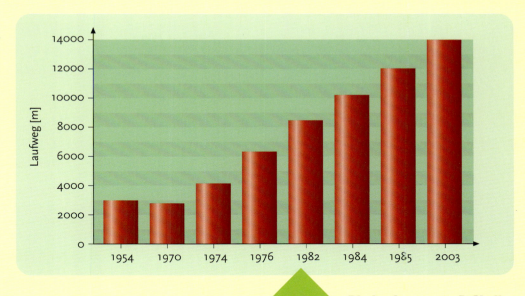

Die Laufwege von Fußballspielern gestern und heute.

Ausdauer

Von Ausdauer spricht man, wenn man die Fähigkeit meint, lang andauernde Belastungen zu bewältigen, ohne dabei schnell zu ermüden. Wenn du über eine gute Ausdauer verfügst, kannst du dich im Spiel länger belasten, besser konzentrieren und auch besser erholen. Fußball ist dem Volksmund nach ein »Laufspiel«. Wenn man ein Spiel einmal in seine Einzelteile zerlegt, wird sehr schnell klar, dass das wirklich zutrifft: Den größten Teil der Zeit verbringst du mit Laufen.

Betrachtet man die läuferische Entwicklung der letzten Jahrzehnte, so kann man erahnen, welch große Bedeutung die Ausdauer im Fußball hat. Die Laufstrecke eines Bundesligaspielers hat sich in den letzen 50 Jahren fast vervierfacht. Ein Mittelfeldspieler in der Bundesliga läuft mittlerweile bis zu 14 km in einem Spiel. Allerdings ist das im Kinder- und Jugendbereich anders; Die Strecken, die du in einem Spiel zurücklegen musst, sind nicht so groß und die Ausdauer ist auch nicht ganz so entscheidend. Im Kinder- und Jugendfußball sind die Bereiche Technik und Taktik von größerer Wichtigkeit und sollten deshalb auch am intensivsten trainiert werden. Konditionstraining ist nur ergänzend und in spielerischer Form verpackt einzusetzen.

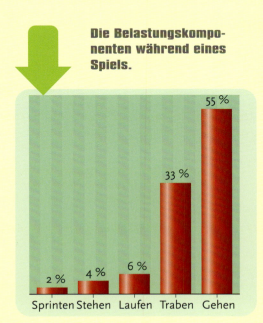

Die Belastungskomponenten während eines Spiels.

> **Nico**
>
> Unter Umständen kann es sogar nötig sein, dass du neben dem Training im Verein noch zusätzlich für dich trainieren musst, um eventuelle Schwächen zu beseitigen. Doch du wirst bald sehen, es lohnt sich!

spieler durchzusetzen. Kraft ist auch eine ganz wesentliche Voraussetzung, damit du schnell laufen kannst. Für das Krafttraining gilt ähnliches wie für das Ausdauertraining: Es sollte erst mit zunehmendem Alter an Bedeutung gewinnen. Im Kindertraining kann man hervorragend Kraftelemente in Spielformen verpacken (z. B. Krebsfußball).

Schnelligkeit

Von Schnelligkeit spricht man, wenn man eine Bewegung mit höchstmöglichem Tempo ausführen kann. Wie wichtig diese Fähigkeit im Fußball ist, zeigt beispielsweise eine normale Zweikampfsituation um den Ball, wie sie hundertmal im Spiel vorkommt. Den Zweikampf gewinnt meist der Spieler, der schneller zum Ball laufen (sprinten) kann.
Die Schnelligkeit entscheidet über den Ballbesitz. Es gibt kaum Spieler in der

Ausdauer kann man hervorragend in Spielformen trainieren. Erst mit zunehmendem Alter, wenn man sich dem Leistungsbereich nähert, sollte die Ausdauer spezieller trainiert werden und das Ausdauertraining mehr an Bedeutung gewinnen.

Kraft

Aus deiner Erfahrung heraus weißt du, dass du Kraft immer dann benötigst, wenn du etwas Schweres bewegen willst. Im Fußball benötigst du auch Kraft, und zwar in speziellen Spielaktionen. So ist die Kraft wichtig beim Torschuss, denn wenn du mehr Power in den Beinen besitzt, kannst du auch härter schießen. Kraft brauchst du auch beim Absprung zum Kopfball, denn mit mehr Kraft kannst du höher springen und Kopfballduelle für dich entscheiden. Auch im Zweikampf um den Ball ist sie wichtig, um dich gegen deinen Gegen-

Spielerische Elemente wie diese Übung, der »Krebsfußball«, sorgen für Abwechslung beim Training.

Durch das höhere Tempo im modernen Fußball hat das Sprinttraining an Bedeutung gewonnen.

Bundesliga, die im Schnelligkeitsbereich Schwächen haben. Wie bereits erwähnt besteht ein direkter Zusammenhang zwischen Kraft und Schnelligkeit. Schnelligkeit kann man hervorragend in spielerischer Form trainieren. sämtliche Fangspiele oder Staffelwettbewerbe eignen sich dafür. Dabei sind aber einige Dinge zu berücksichtigen:

Grundsätze für das Schnelligkeitstraining

- Du solltest Schnelligkeit nie ohne vorherige intensive Aufwärmarbeit trainieren.
- Kein Schnelligkeitstraining, wenn du schon müde bist – also nie am Ende eines Trainings.
- Schnelligkeitstraining macht nur Sinn, wenn du es mit maximaler Intensität durchführst.
- Trainiere nur Distanzen, die tatsächlich auch im Spiel vorkommen. Es macht keinen Sinn längere Strecken zu trainieren.
- Durch gezielte Koordinationsübungen und spezielles Krafttraining verbesserst du dein Schnelligkeitstraining.

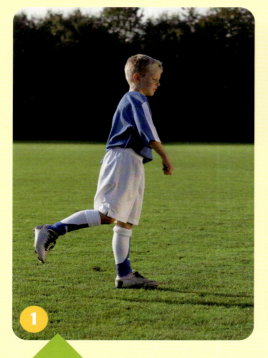  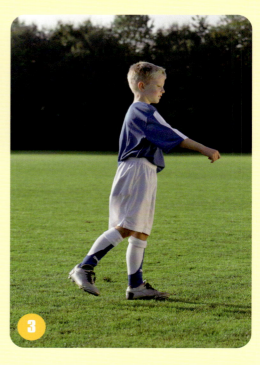

Für das Aufwärmen im Training gibt es verschiedene Übungsformen. Derzeit geht die Tendenz zur sogenannten Schwunggymnastik, auch dynamisches Dehnen genannt (Foto 1–4).

Beweglichkeit

Von Beweglichkeit spricht man, wenn man in einem Gelenk möglichst beweglich ist. Andere Begriffe für Beweglichkeit sind Gelenkigkeit oder Flexibilität. Das Ausmaß der Beweglichkeit hängt von der Elastizität der Muskulatur, der Sehnen und des Bandapparats ab, außerdem wird sie durch Muskelkraft und Funktionsfähigkeit der Gelenke beeinflusst. Wenn du Probleme mit deiner Beweglichkeit hast, kann sich das negativ auf deine Leistung auswirken, da du deine Bewegungen nicht mehr optimal ausführen kannst. Wissenschaftliche Erkenntnisse haben gezeigt, dass die Beweglichkeit des Menschen etwa ab dem 12. Lebensjahr erblich bedingt abnimmt. Um diesen Prozess zu verhindern ist es ratsam, regelmäßiges Beweglichkeitstraining durchzuführen. Jedes Jahr tauchen neue Erkenntnisse über effektives Beweglichkeitstraining auf. Dies führt zu einer gewissen Unsicherheit auf diesem Gebiet. Manche Untersuchungen halten Beweglichkeitstraining sogar für überflüssig.

Nachfolgend eine kurze Zusammenfassung der gebräuchlichsten Trainingsmethoden, die du dir nach persönlichen Gesichtspunkten auswählen kannst:

Aktive Dehnungsmethode (Schwunggymnastik)

Schwunghafte, wippende oder federnde Bewegungen. Achte darauf, mit langsamen und kürzeren Bewegungen zu beginnen, ehe du schnellere Bewegungen mit größerem Bewegungsumfang durchführst.

Statische Dehnungsmethode (Stretching)

Dabei begibst du dich kontrolliert in eine Dehnposition, die dir gerade noch angenehm ist, und hältst diese für 10–30 Sekunden. Vor dem Training oder Spiel solltest du deine Dehnposition in

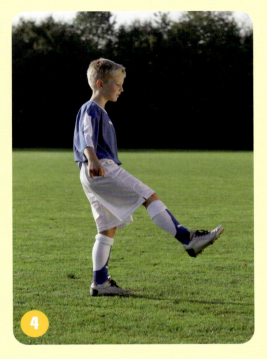

Auch Stretching-Übungen werden von vielen Trainern zum Aufwärmen eingesetzt.

den einzelnen Übungen nur sehr kurz (8–10 Sekunden) halten. Nach dem Training oder Spiel kannst du ruhig länger und intensiver dehnen.

Koordination

In der Trainingspraxis hat sich in den letzten Jahren eine eindeutige Entwicklung abgezeichnet: Das vorher wenig beachtete Koordinationstraining hat an Bedeutung gewonnen und einen festen Platz in der Trainingsarbeit eingenommen. Dies hat gute Gründe, denn Koordination hat wesentlichen Anteil an allen leistungsbestimmenden Faktoren. Was bedeutet aber eigentlich Koordination? Unter Koordination versteht man die Fähigkeit, alle Situationen in einem Spiel durch sichere, ökonomische und schnelle Bewegungshandlungen zu lösen. Dabei arbeiten dein Nervensystem und deine Muskulatur innerhalb eines Bewegungsablaufs optimal zusammen. Beim Koordinationstraining schulst du komplexe Bewegungsmuster, jedoch keine Technik. Durch verbesserte Koordination kannst du technische und technisch-taktische Anforderungen besser und schneller meistern.

Grundsätze für das Koordinationstraining

- Trainiere nie in ermüdetem Zustand.
- Trainiere immer im höchstmöglichen Tempo.
- Variationen der Bewegungshandlung wiederholt durchführen.
- Wähle deine Übungen nach dem Motto, vom »Leichten« zum »Schweren« aus.

Eine beliebte Übungseinheit aus dem Koordinationstraining.

Anhang

+ Legenden des Fußballs und Stars von heute
+ Die erfolgreichsten Vereine der Welt
+ Fußball in Zahlen

Legenden des Fußballs und Stars von heute

Schon gewusst? Seit 1956 wird jedes Jahr »Europas Fußballer des Jahres« gewählt. Sportjournalisten entscheiden bei dieser Wahl darüber, wer im abgelaufenen Jahr der auffälligste und beste Spieler in ganz Europa war. Seit 1988 gibt es zusätzlich noch eine Wahl zum »Welt-Fußballer des Jahres«: Hier sind es nicht Journalisten, sondern die Nationaltrainer der FIFA-Mitgliedsländer (»Fédération Internationale de Football Association«, auf deutsch »Internationale Föderation des Verbandsfußballs«), die den besten Spieler der Welt wählen. Zusätzlich fand im Jahr 2000 eine ganz besondere Wahl statt: Der Welt-Fußballer des Jahrhunderts wurde gewählt. Die Wahl, die von vielen Experten des Fußballs durchgeführt wurde, fiel auf den Brasilianer Pele. Im Folgenden stelle ich dir die wichtigsten internationalen Fußballgrößen der letzten Jahrzehnte vor:

Andrade, Jose Leandro (Uruguay)

(1.10.1901–4.10.1957)

Als Außenseiter trat der rechte Läufer Andrade mit dem Team Uruguays 1924 beim olympischen Fußballturnier in Paris an. Dabei zeigten die Südamerikaner, dass Fußball mehr sein kann als das zu dieser Zeit dominierende britische System des »kick and rush«. Mit Kombinationsfußball voller Leidenschaft, Artistik und Eleganz begeisterten sie das Publikum und entzauberten in ihrem ersten Spiel die jugoslawische Mannschaft (damals eine der besten Europas) mit 7:0. Herausragend unter diesen Balljongleuren war Andrade. Perfekt am Ball, ausgestattet mit einem kräftigen Torschuss und beachtlicher Sprintstärke sowie immer wieder überraschenden Dribblings führte der Außenläufer in diesem Team Regie und Uruguay von Titel zu Titel. Uruguay gewann 1924 und 1928 olympisches Gold sowie 1930 die erste Weltmeisterschaft. Der »Mann mit den goldenen Füßen«, wie Andrade genannt wurde, bestritt von 1922–1933 31 Länderspiele, wurde dreimal Südamerikameister und spielte in den Vereinen Bella Vista, Nacional Montevideo und Penarol. Andrade sorgte jedoch auch außerhalb des Fußballplatzes für Aufsehen. 1924 blieb er nach dem Olympiasieg noch einige Zeit in Paris, um das dortige Nachtleben in vollen Zügen zu genießen. Er trat als Musikant und Tänzer auf. Nach dem Ende seiner sportlichen Karriere arbeitete Andrade als Klavierstimmer. Er konnte aber nur schwer auf sein ausschweifendes Leben verzichten, sodass er dafür sogar seine Medaillen verkaufte. 1957 soll er einsam und mittellos in einem Armenhaus in Montevideo gestorben sein.

Baggio, Roberto (Italien)

(geb. 18.2.1967)

Italienischer Ballkünstler und genialer Mittelfeldstratege, der für alle Top-Vereine in der Italienischen Liga erfolgreich war. So spielte er unter anderem für Juventus Turin, AC Mailand und auch für Inter Mailand. 1993 gewann er mit »Juve« den UEFA-Pokal und wurde in diesem Jahr zu Europas Fußballer des Jahres und zusätzlich zum Weltfußballer des Jahres 1993 gewählt. In der Italienischen Nationalmannschaft wurde er als tragischer Held des WM-Finales von 1994 berühmt, als er im Elfmeterschießen gegen Brasilien den entscheidenden Strafstoß verschoss.

Banks, Gordon (England)

(geb. 30.12.1937)

Gordon Banks wird die großartigste Parade aller Zeiten bescheinigt: Bei der Weltmeisterschaft 1970 lenkte Pelé eine Vorlage Jairzinhos mit einem perfekten Kopfball, wuchtig und präzise, auf das englische Tor. Der Ball schien unhaltbar, doch Banks flog in seine rechte Ecke und lenkte den Ball, als dieser auch noch kurz vor seiner Torlinie aufgesprungen war, über die Latte. Viele hielten ihn in der zweiten Hälfte der 1960-er Jahre für den weltbesten Torwart. Mit seiner unglaublichen Gewandtheit war er der Schrecken aller Stürmer. In seinen 73 Länderspielen spielte er 35-mal zu Null und ließ nur 57 Gegentore zu. Erstaunlich ist vor allem, dass er nach Beendigung seiner Schulzeit nicht im Traum daran gedacht hatte, Profifußballer zu werden. Er arbeitete erst in einem Kohlebergwerk und begann später eine Lehre zum Maurer. Als Halbprofi hatte seine Karriere mit 18 Jahren bei Chesterfield in der dritten Liga begonnen. 1959 wechselte er zu Leicester City und zog mit dem Club in seiner zweiten Saison in das Pokalendspiel ein, was aber gegen Tottenham verloren wurde. Zwei Jahre später scheiterten sie erneut erst im Finale. Im dritten Anlauf gewann Banks dann 1964 mit dem Liga-pokal endlich seinen ersten großen Titel. Im Jahr zuvor hatte er erstmals im Natio-nalteam gespielt. Höhepunkt seiner Kar-riere sollte die Weltmeisterschaft 1966 im eigenen Land werden. »Banks of England«, wie man ihn nannte, blieb bis zum Halb-finale ohne Gegentor, im Finale besiegte England Deutschland mit 4:2 nach Ver-längerung. Der erste und bisher einzige Weltmeistertitel war gewonnen.

Baresi, Franco (Italien)

(geb. 8.5.1960)

Baresi ist aus der Jugend des AC Mailand hervorgegangen und wurde mit 18 Jahren in die erste Mannschaft berufen. Nach-dem er ein Jahr später mit dem Gewinn des »Scudetto« schon sehr früh Erfolg ge-schmeckt hatte, kam danach eine bittere Zeit für ihn. Er stieg mit seinem Club 1980 und 1982 zwei Mal in die Serie B ab. Nach-dem der glühende Milan-Anhänger und Medienmogul Silvio Berlusconi den Club vor horrenden Schulden rettete und Arrigo Sacchi zum Trainer ernannte, ging es mit Milan aber steil nach oben. Das nachfol-gende Jahrzehnt war die erfolgreichste Zeit Milans und Baresi führte den Verein als Kapitän zu 5 Meisterschaften und 3 euro-päischen Landesmeistertiteln. Seine beste Saison spielte er 1993/1994, als er zum dritten Mal in Folge das »Scudetto« ge-wann und der AC Milan nur ganze 15 Tore in 34 Ligaspielen zuließ. Baresi gelang es jedoch nicht, die sensationellen Erfolge in seinem Club auf die Nationalmannschaft zu übertragen. Bei der WM 1990 im eige-

nen Land verschoss er einen Elfmeter im Halbfinale gegen Argentinien und 1994 in den USA musste er hilflos mit ansehen, wie seinen Mannschaftskollegen beim Elf-meterschießen im Finale wieder die Ner-ven versagten. Baresi wird als ein außerge-wöhnlicher Libero in Erinnerung bleiben, der eine der besten Abwehrreihen in der Geschichte des Club-Fußballs führte. Die Abseitsfalle von Milan war nahezu legendär und funktionierte perfekt. Nachdem Baresi seine Karriere nach 20 Jahren bei Milan be-endete, hielt der Verein sein Trikot mit der Nummer 6 frei, um damit seine Verdienste zu ehren. Insgesamt bestritt er 716 Spiele für seinen Verein.

Basten, Marco van (Niederlande)

(geb. 31.10.1964)

25. Juni 1988, Münchner Olympiastadion, 54. Spielminute: Marco van Basten schießt aus einem unglaublichen Winkel mit einem artistischen Volley unhaltbar das 2:0 in das russische Tor. Holland gewinnt mit der Europameisterschaft seinen einzigen Titel und der Stürmer hat eines der schönsten Tore aller Zeiten geschossen. Mit 18 Jahren wechselte er von Elenweijk Utrecht zu Ajax Amsterdam. Bei seinem ersten Einsatz als Einwechselspieler für Johan Cruyff schoss er gleich ein Tor, nach zwei Jahren hatte er sich als Stammspieler etabliert und erzielte in nur 26 Spielen 38 Tore. In der folgenden Saison waren es 37 Treffer in 26 Spielen, was den Titel Europas Torjäger des Jahres 1986 bedeutete. Basten beeindruckte durch Beidfüßigkeit, sehr gutes Kopfballspiel, Wendigkeit, gute Ballkontrolle und Dyna-

mik sowie seine Nervenstärke. 1985 schoss er in einem Spiel gegen Sparta Rotterdam sechs Tore und wiederholte damit den Re-kord, den Cruyff 15 Jahre zuvor aufgestellt hatte. Bevor er die Niederlande 1987 in Richtung Italien verließ, hatte er mit Ajax je zweimal Meisterschaft und Pokal sowie einmal den Europapokal der Pokalsieger gewonnen. Mit dem AC Mailand sollten weitere Titel folgen. Gemeinsam mit Frank Rijkard und Ruud Gullit bildete er die hol-ländische Achse des Spitzenclubs und führte ihn zu je vier Meisterschaften und vier Europapokalsiegen. Er selbst wurde Torschützenkönig der italienischen Liga und bei der Europameisterschaft 1988 drei-mal Europas Fußballer des Jahres, was vor ihm nur Platini und Cruyff gelungen war, und 1992 sogar Weltfußballer des Jahres. Nachdem er zwei Jahre an seinem Come-back gearbeitet hatte, gab er seine Karriere 1995 wegen einer langwierigen Knöchelver-letzung auf. Seit 2004 ist er als Trainer für die Holländische Nationalmannschaft zu-ständig.

Beckenbauer, Franz (Deutschland)

(geb. 11.9.1945)

»Der Kaiser«, wie Franz Beckenbauer ge-nannt wird, ist der bedeutendste Fußballer Deutschlands – er gewann sowohl als Spieler wie auch als Coach und Funktionär Titel in Serie. Wie kam es dazu? Franz Beckenbauer interpretierte den Posten des Ausputzers neu und kreierte den moder-nen, offensiven Libero. Zur damaligen Zeit war das revolutionär und Beckenbauer ver-stand es, diese neue Spielerposition ausgezeichnet auszufüllen. Mit großem taktischen Verständnis lenkte er das deutsche Spiel leichtfüßig mit einer neuen Kreativität. Der Kaiser räumte in der Abwehr ab, schaltete sich oft in den Angriff ein und schoss auch noch Tore. Dadurch gelang es ihm, am Bild der in erster Linie kämpfenden deutschen Mannschaften zu kratzen und eine neue Spielkultur aufzubauen, die auch vom Ausland wahrgenommen wurde. Begonnen hatte alles beim FC Bayern München, bei dem er noch vor seinem achtzehnten Geburtstag in der ersten Mannschaft spielte. Bis zum Aufstieg der Münchner spielte er zwei Jahre in der zweiten Liga. Gerade 20 Jahre alt debütierte er in der Nationalelf und wurde sofort Stammspieler, zu dem Zeitpunkt noch im Mittelfeld.

Ein halbes Jahrzehnt war Beckenbauer mit den Bayern die dominierende Kraft der Bundesliga. Von 1969–1974 gewann er zwei Vizemeisterschaften und vier Meistertitel, davon sogar drei in Folge. Viermal führte er die Münchner zum Pokalsieg, einmal zum Europapokal der Pokalsieger und von 1974–1976 dreimal in Folge zum Europapokal der Landesmeister.

Im Jahre 1966 spielte er seine erste Weltmeisterschaft, bei der die deutsche Nationalmannschaft erst im denkwürdigen Finale gegen England scheiterten. Beckenbauer wurde erstmals Deutschlands Fußballer des Jahres. 1972 holte er sich mit der Europameisterschaft seinen ersten großen internationalen Titel, dem 1974 die Weltmeisterschaft folgte. Bis zu seinem Rücktritt aus der Nationalmannschaft be-

stritt Beckenbauer 103 Länderspiele, was zu diesem Zeitpunkt Rekord war. Zweimal wurde er zu Europas Fußballer des Jahres gewählt.

1977 wechselte er in die USA zu Cosmos New York und wurde dreimal Meister. 1980 kehrte er für zwei Spielzeiten nach Deutschland zurück, schloss sich dem Hamburger SV an und führte diesen 1982 zur deutschen Meisterschaft. Nach dem frühen Aus des Nationalteams bei der Europameisterschaft 1984, wurde er Nachfolger des glücklosen Bundestrainers Jupp Derwall. Er begann eine neue Mannschaft aufzubauen, die schon zwei Jahre später im Weltmeisterschaftsendspiel stehen sollte und 1990 in Italien den dritten Titel nach Deutschland holte. Damit war er der erste Fußballer, der die WM als Mannschaftskapitän und als Bundestrainer gewonnen hat. Zuerst als Trainer und später als Präsident führte er auch den FC Bayern zu unzähligen Titeln.

Beckenbauer war maßgeblich daran beteiligt, dass die deutsche Bewerbung um die Ausrichtung der Weltmeisterschaft 2006 erfolgreich war.

Beckham, David [England]
(geb. 2.5.1975)
So viel ist sicher: Der Mann polarisiert und er ist einer der populärsten Fußballspieler der Welt. An kaum einem Fußballer scheiden sich die Geister so wie an David Beckham. Für die einen ist er der geniale Freistoßschütze und Vorlagengeber, für die anderen nur der »Glamour-Boy« an der Seite von »Posh-Spice« Victoria Adams. Keine Frage, die Ehe mit dem

Ex-Spice-Girl hat »Becks« mehr Titelseiten eingebracht als jedem anderen. Durch die Klatschpresse gerät jedoch allzu oft in den Hintergrund, was Beckham wirklich gut kann: Fußball spielen. Die englische Boulevardpresse brandmarkte den jungen Mittelfeldakteur nach dem WM-Aus in der zweiten Runde gegen Argentinien 1998 wegen seiner roten Karte und machte den 23-Jährigen zum Alleinschuldigen. Beckham erreichten Morddrohungen und er entging einem Unfall nur knapp, als an seinem Ferrari die Bremsleitungen zerschnitten waren. Auch die Schmährufe in Englands Stadien schlugen erst 2001 wieder in Lobeshymnen um, als der Blondschopf das entscheidende Tor in der Qualifikation zur WM 2002 schoss. Beckham entschied sich erst 1991 für den Verein, dem er in den folgenden Jahren sehr viel zu verdanken hatte: Manchester United. Bereits früh galt der sechzehnjährige Rechtsfuß als außergewöhnlich ballsicher und technisch hervorragend. Nachdem er nach einem Jahr Vereinszugehörigkeit bereits sein erstes Pflichtspiel für »ManU« absolviert hatte, wurde Beckham 1993 endgültig in den Profikader berufen und holte mit dem Team gleich den englischen Meistertitel. 1995 wechselte der Offensivspieler zu Preston North End, fand jedoch nach nur wenigen Monaten wieder den Weg zurück nach Manchester. Er debütierte für England am 1.9.1996 gegen Moldavien. 1999 sollte sich das Image Beckhams jedoch wandeln, als er Ehemann von Victoria Adams und Vater eines Sohnes namens Brooklyn wurde. Gleichzeitig führte der Flügelspieler sein Team zur erfolgreichsten Spielzeit der Vereinsgeschichte. Der nationalen Meisterschaft und dem Pokalsieg folgten der Sieg in der Champions League im denkwürdigen Finale von Barcelona (2:1 gegen Bayern München) und der Weltpokal. In diesem Jahr wurde Beckham hinter Rivaldo zweiter bei der Wahl zum Weltfußballer des Jahres, aber dafür Europas Fußballer des Jahres, auch 2003 war er zweiter in der FIFA-Wahl hinter Luis Figo. Nach der Weltmeisterschaft 2002 in Japan und Südkorea bestätigte Manchester den Verkauf ihres brillanten Flankengebers: Real Madrid überwies 35 Millionen Euro an United und erwarb Beckham.

Breitner, Paul (Deutschland)
(geb. 5.9.1951)

Paul Breitner kam 1970, mit 19 Jahren, zum FC Bayern München. Nur ein Jahr später debütierte er in der deutschen Nationalmannschaft. Er spielte auf der linken Abwehrseite, schaltete sich aber oft in den Angriff mit ein und erzielte wichtige Tore. Später wurde er im Mittelfeld eingesetzt.

1974–1977 spielte er für Real Madrid, 1977/78 für Eintracht Braunschweig, um dann seine letzten fünf Jahre wieder bei den Bayern zu verbringen. In 285 Bundesligaspielen erzielte er 93 Tore, in 48 Länderspielen markierte er 10 Treffer.
Seine Erfolge: Europameister 1972, Weltmeister 1974, deutscher Meister 1972–1974, 1980, 1981, DFB-Pokalsieger: 1971, 1982, Europapokalsieger der Landesmeister: 1974, Spanischer Meister: 1975, 1976, Spanischer Pokalsieger: 1975, 1981 wurde er in Deutschland zum Fußballer des Jahres gewählt.

Breitner galt immer als unbequemer Mensch und spielte wegen Meinungsverschiedenheiten mit dem DFB einige Jahre nicht für die Nationalmannschaft. Bekannteste Äußerung über den FC Bayern: »In diesem Scheißverein kann man nicht mal richtig feiern.« 1998 wollte Egidius Braun ihn als Nachfolger von Berti Vogts zum Bundestrainer machen, seine »Amtszeit« dauerte aber nur ein paar Stunden.

Charlton, Robert »Bobbi« (England)
(geb. 11.10.1937)

1958 hätte die Karriere von Bobby Charlton beinahe ein tragisches Ende genommen. Er war mit der Mannschaft von Manchester United an Bord des Flugzeugs, das in München abstürzte. Acht seiner Kameraden kamen bei der Katastrophe ums Leben, Charlton überlebte mit Glück und wurde mit 21 Jahren wichtiger Bestandteil beim Aufbau einer neuen Mannschaft. Manchester verpflichte ihn im Alter von 17 Jahren. Bei seinem Debüt für den Club, in dessen Reihen er immer spielen wollte, schoss er zwei Tore. Charlton blieb dem Verein trotz vieler lukrativer Angebote insgesamt 19 Jahre treu. Manchester United konnte sich freuen, diesen Gentleman des Fußballs in seinen Reihen zu haben. Er war zwar kein kreatives Genie wie ein Pelé oder Eusebio, aber durch seine Zweikampfstärke, präzise Pässe über das ganze Feld, Schussgewalt – links wie rechts – und Vielseitigkeit ein enorm effektiver Spieler. Charlton wurde als Linksaußen, Halblinker und als Regisseur im zentralen Mittelfeld eingesetzt. Er war stets Vorbild an Bescheidenheit, Einsatz und Fairness. In seiner Laufbahn gewann er alles, was man gewinnen konnte. Mit Manchester wurde er dreimal Meister, je einmal Pokalsieger und Europapokalsieger. Das Nationalteam führte er 1966 zum ersten und bisher einzigen Weltmeistertitel Englands. Im gleichen Jahr wurde er zu Europas Fußballer des Jahres gewählt. Er bestritt 106 Länderspiele, in denen er 49 Tore schoss, so viele wie bis heute kein anderer Engländer. Seit 1984 ist er Direktor bei Manchester United. 1994 wurde ihm der Titel »Sir« verliehen

Cruyff, Johan (Niederlande)
(geb. 25.4.1947)

Johann Cruyff machte die Nummer 14 zur Legende: Er war alleiniger Herrscher auf dem Platz, seine Mitspieler und eigentlich auch der Trainer hatten zu tun, was ihm vorschwebte. Seine Torchancen bereitete er oft selbst vor und vollstreckte sie dann auch. Mit seiner ausgezeichneten Ballkontrolle und Antrittsschnelligkeit, hervorragenden Passqualitäten und Spielintelligenz kreierte er eine ganz neue Art von Fußball. Cruyff brach mit 13 Jahren die Schule ab, nahm Gelegenheitsarbeiten an und hatte mit 19 Jahren sein Ziel erreicht: das Debüt in der ersten Mannschaft von Ajax Amsterdam. Prompt wurde er in dieser Saison Torschützenkönig.

Ajax Amsterdam gewann mit ihm unzählige Male die Meisterschaft und Anfang der 1970-er Jahre dreimal in Folge den Europapokal sowie 1973 den Weltpokal. Mit Barcelona folgten spanischer Meistertitel und Pokalsieg. Als erster Spieler wurde Cruyff

100

dreimal Europas Fußballer des Jahres. Nur die wirklich großen Erfolge mit der Nationalmannschaft blieben ihm versagt. Er erreichte zwar das Finale der Weltmeisterschaft 1974, doch weder Welt- noch Europameistertitel konnte er jemals gewinnen. Mit 31 Jahren trat Cruyff zurück. Er revidierte jedoch seine Entscheidung ein halbes Jahr später und ging nach Nordamerika sowie Spanien. 1982 kehrte er nach Holland zurück und gewann je einmal mit Ajax und Feyenoord Rotterdam die Meisterschaft. Nach seiner aktiven Karriere arbeitete er sehr erfolgreich als Trainer: Mit Amsterdam gewann er 1987 den Europapokal der Pokalsieger, den er zwei Jahre später auch als Coach von Barcelona holte. Mit den Katalanen erreichte er darüber hinaus viermal den spanischen Meistertitel und 1992 den Europapokal.

Drogba, Didier (Elfenbeinküste)

(geb. 11.3.1978)

Drogba ist der uneingeschränkte Superstar der Elfenbeinküste und einer der besten Stürmer der Welt. Im Alter von fünf Jahren kam er nach Frankreich und lernte dort das Fußball-Einmaleins. In der Saison 2003/2004 erzielte er 18 Tore in der Meisterschaft für Olympique Lyon (OM), elf Treffer in Champions League und UEFA-Cup und wurde zu Frankreichs Fußballer des Jahres gewählt. Drogba, der zu Beginn seiner Karriere noch rechter Verteidiger war, ist durchsetzungsstark, schnell, in der Luft extrem gefährlich und hat im Spiel einen großen Aktionsradius. Zudem verfügt der wuchtige Stürmer über eine

herausragende Technik und einen sehr guten Torriecher.

In der Nationalmannschaft, die er mit neun Treffern zur WM nach Deutschland und 2006 ins Finale des Africa Cups schoss, bildete er mit Aruna Dindane das gefährliche »Di-Dro« Sturmduo. 2004 holt ihn Trainer Jose Mourinho für ca. 36 Millionen Euro zum FC Chelsea – die zweithöchste Ablöse, die jemals für einen Stürmer eines britischen Teams bezahlt wurde (nach Rooney).

Figo, Luis (Portugal)

(geb. 4.11.1972)

Wenn zwei sich streiten, freut sich der Dritte: Der lachende Dritte in der Geschichte des Luis Figo, eines der besten Offensivspieler der Welt, war der FC Barcelona in der Saison 1995/96. Der damals 23-jährige Figo wechselte nach Spanien, weil die FIFA einem Wechsel nach Italien im Wege stand. Der junge Portugiese hatte zuvor Vorverträge sowohl bei Juventus Turin als auch beim AC Parma unterschrieben und damit den Weltfußballverband auf den Plan gerufen, den Streit zwischen den Clubs zu klären. Figo wurde daraufhin für zwei Jahre untersagt, in Italien zu spielen. Woraufhin der FC Barcelona die Gunst der Stunde nutzte und sich die Dienste des beidfüßigen Angreifers für umgerechnet 2,15 Millionen Euro sicherte. Ein echtes Schnäppchen.

Bis zu diesem Zeitpunkt hatte Figo eine sagenhafte Entwicklung gemacht. Aufgewachsen in Lissabons Arbeiterviertel Almada kickte der Straßenfußballer zunächst bei OS Pastilhas, ehe er mit elf

Jahren zu Sporting Lissabon ging. Zwar feierte er sein Profidebüt bereits mit 16, ehe er jedoch Stammspieler wurde, vergingen noch drei Jahre (1991/92). In der Zwischenzeit feierte der Mittelfeldspieler mit den Junioren-Nationalmannschaften seines Landes große Erfolge (1989 U-16-Weltmeister/1991 U-20-Weltmeister). Der Wechsel zum FC Barcelona 1995 bedeutete für Figo auch eine persönliche Umstellung. Barca-Coach Johann Cruyff bewies einmal mehr, was er für ein Trainerfuchs war und setzte Figo fortan auf der rechten Außenbahn ein. Dort schöpfte der Portugiese all sein Potenzial aus und avancierte in den folgenden Jahren zum besten Rechtsaußen aller Zeiten. Figo feierte in seiner Zeit bei den Katalanen zahlreiche internationale (Europapokal der Pokalsieger/Europäischer Supercup 1997) und nationale Triumphe (spanischer Meister 1998 und 1999). In der portugiesischen Nationalelf setzte er ebenfalls seine Fähigkeiten zu Gunsten der Mannschaft um: Nach dem EM-Viertelfinale von 1996 und der verpassten WM-Qualifikation zwei Jahre später, wurde Figo bei der Europameisterschaft 2000 zum besten Spieler des Turniers ernannt und hatte beträchtlichen Anteil am Halbfinaleinzug der Portugiesen. Nun kamen auch die »Königlichen« aus Madrid nicht mehr um Figo herum: Nach dem Turnier wechselte Portugals neuer »Fußball-König« für die damalige Rekordsumme von umgerechnet 58 Millionen Euro zu Real. Europas Fußballer des Jahres 2000 glänzte bei Madrid als kongenialer Partner von Zinedine Zidane, David Beckham und Ronaldo, ehe er 2005 zu Inter Mailand wechselte.

Gullit, Ruud (Niederlande)

(geb. 1.9.1962)

Auch außerhalb des Stadions setzte die »Schwarze Tulpe«, wie Gullit genannt wurde, Akzente. Der Stürmer mit Vorfahren aus Surinam trat in der Öffentlichkeit gegen Rassismus ein und widmete die ihm als Europas Fußballer des Jahres 1988 verliehene Trophäe Nelson Mandela. Geboren in einem der ärmeren Viertel Amsterdams begann Gullit früh mit Fußball, spielte anfangs als Libero und verdiente schließlich beim FC Haarlem sein erstes Geld. Sein Debüt in der Nationalmannschaft feierte der Stürmer mit den Rasta-Locken an seinem 19. Geburtstag. 1982 wechselte er zu Feyenoord Rotterdam und gewann zwei Jahre später mit dem Double seine ersten Titel. Noch besser lief es ab der folgenden Saison beim PSV Eindhoven, der ihn verpflichtet hatte. Zweimal hintereinander wurde Gullit Fußballer des Jahres, er erzielte in 68 Ligaspielen 46 Tore und hatte dementsprechend großen Anteil an den beiden Meistertiteln Eindhovens in den Jahren 1986 und 1987. Es folgte der Wechsel nach Italien zum AC Mailand, wo er mit van Basten und Rijkaard eine legendäre holländische Achse bilden sollte. Gleich in seiner ersten Saison wurde er mit Milan Meister. Doch es kam noch besser: Bei der Europameisterschaft in Deutschland führte Gullit die Niederlande zum Titel und wurde zu Europas Fußballer des Jahres gewählt. Insgesamt bestritt er 66 Länderspiele, in denen er 17 Tore schoss.

Der AC Mailand war in den folgenden Jahren die überragende Mannschaft Europas. 1989 und 1990 gewann der Verein den Europapokal und den Weltpokal, im europäischen Finale gegen Bukarest erzielte Gullit zwei Tore. Bevor er Milan für eine Saison in Richtung Genua verließ, gewann er noch zwei Meisterschaften. 1994 konnte er gleich in seiner ersten Saison mit Sampdoria im Pokal triumphieren. Er kehrte Anfang der nächsten Spielzeit noch einmal kurz zum AC zurück, blieb dann aber den Rest der Saison in Genua. Später wechselte er nach England zu Chelsea London, wo er ein recht erfolgreicher Trainer wurde.

Henry, Thierry (Frankreich)

(geb. 17.8.1977)

Kaum ein anderer Stürmer in den europäischen Top-Ligen strahlt zur Zeit mehr Torgefahr aus als der Angreifer des FC Arsenal London. Nicht ohne Grund bot Chelsea London einst 75 Millionen Euro für den französischen Angriffswirbel, der bei seinem aktuellen Club (Arsenal London) in fünf Spielzeiten bereits 106 Tore geschossen hat – und es werden wöchentlich mehr. Die »Gunners« haben ihren Scharfschützen im August 1999 gefunden, nachdem der dribbelstarke Goalgetter bei Juventus Turin nicht zurecht gekommen war und den Italienern schon nach sieben Monaten den Rücken zugewandt hatte. Mit gerade einmal 21 Jahren hat der schnelle Franzose seine Heimat verlassen und wechselte vom AS Monaco, seiner ersten Profistation, zur »alten Dame« des italienischen Fußballs. Im Fürstentum hatte Henry bereits erste große Erfolge gefeiert und durch Torinstinkt und technisches Können einen großen Teil dazu beigetragen, dass die Monegassen 1997 den Meistertitel bejubeln konnten.

Ein Jahr später stieß der Torjäger mit seinem Club bis ins Halbfinale der Champions League vor. Seine größte Zeit lag aber noch vor ihm: Nach dem Intermezzo bei Juventus wechselte Henry für 17 Millionen Euro zu Arsenal und verzauberte fortan die Fans im Highbury Park mit seiner erstaunlichen Spielweise. Mit der Leichtigkeit und Eleganz einer Raubkatze verblüfft der eiskalte Vollstrecker seine Gegenspieler ein ums andere Mal. Gleich in seiner ersten Spielzeit erzielte der einstige Flügelstürmer 18 Treffer für die Londoner. Die Saison 2001/2002 sollte schließlich zur bislang besten Spielrunde in der noch jungen Karriere von Henry werden. Neben dem Meistertitel, den Arsenal Manchester United nach dreijähriger Regentschaft entriss, und dem Sieg im FA-Cup-Finale gegen Chelsea, wurde der inzwischen zur Stammkraft in der französischen Nationalelf avancierte Stürmer auch Torschützenkönig in England und in die UEFA »Elf des Jahres« gewählt. 24 Tore in der Meisterschaft reichten zwar 2004 nicht, um ManU ein weiteres Mal vom Thron zu stoßen, der FA-Cup fand sich jedoch erneut in Händen der Arsenal-Spieler wieder. Henrys Auftritte im Dress der Londoner wie auch in der »Equipe Tricolore« und seine Trefferquote waren derart herausragend, dass er zu Englands Fußballer des Jahres gewählt und von der Internationalen Föderation für Fußball-Historie und -Statistik (IFFHS) zum Welttorjäger des Jahres 2003 gekürt wurde. Und Henry läuft in London wie ein Uhrwerk: 30, 25 und 27 Tore erzielte er in den drei vergangenen Spielzeiten – damit war er dreimal in Folge Torschützenkönig der Premier League! Zuletzt lief es auch in der Champions League für die auf internationaler Ebene zuvor so merkwürdig erfolglosen Gunners: Dank fünf Treffern von Henry schaffte es Arsenal in der Saison 2005/2006 bis ins Finale, das man allerdings gegen den FC Barcelona verlor. Dessen Lockruf widerstand Henry kurz darauf und verlängerte den Vertrag bei »seinem Club« bis ins Jahr 2010 – eine Garantie für Arsenals nähere Zukunft. Thierry Henry ist inzwischen – neben Zinedine Zidane – zum unumstößlichen Superstar der »Grande Nation« geworden.

Jaschin, Lew (Russland)

(22.10.1929–20.3.1990)
Eusebio bezeichnete ihn einst als »besten Torhüter aller Zeiten und Völker«. Er vergaß dabei »aller Sportarten« zu erwähnen, denn Jaschin wurde sogar UDSSR-Vizemeister als Eishockeytorwart. Doch nicht nur seine legendäre Reaktionsschnelligkeit und große Sprungkraft machten ihn zum wahrscheinlich besten Torwart dieses Jahrhunderts. Jaschin, stets ganz in schwarz gekleidet, was ihm den Beinname »Schwarzer Panther« eintrug, kreierte eine ganz neue Art des Torwartspiels. Er spielte mit und agierte als Ausputzer hinter seiner Abwehrreihe, gleichzeitig lieferte er mit seinen Abwehrschlägen zugleich Vorlagen für seine Stürmer. 20 Jahre stand er im Tor von Dynamo Moskau, bestritt 78 Länderspiele bei nur 70 Gegentoren und nahm an den vier WM-Turnieren von 1958–1970 teil. Jaschin wurde mit Dynamo Moskau sechsmal Meister und zweimal Pokalsieger, 1956 Olympiasieger, 1960 Europameister und 1963 als erster Torwart Europas Fußballer des Jahres. Als erstem und auch einzigem Fußballer wurde ihm 1969 der Leninorden der Sowjetunion verliehen. Zu seinem Abschiedsspiel gegen eine Weltauswahl im Jahre 1971 kamen mehr als 100.000 Zuschauer. Nach seiner aktiven Karriere wurde Jaschin Vizepräsident des sowjetischen Fußballverbandes und Verantwortlicher für Fußball im Sportministerium.

Kahn, Oliver (Deutschland)

(geb. 15.6.1969)
»Immer gewinnen wollen, immer den Anspruch haben, die Nummer Eins zu sein, niemals aufgeben!«, formulierte Oliver Kahn seine persönliche Einstellung. Der gebürtige Karlsruher zählt sicherlich jetzt schon zu den Legenden des deutschen Fußballs und trat während seiner Karriere nahtlos in die Fußstapfen eines Toni Turek, Sepp Maier oder Toni Schumacher. Über die Jugend des KSC ging Oliver Kahn den direkten Weg ins Profiteam, wo er sich unter dem damaligen Trainer Winfried Schäfer schnell einen Stammplatz erkämpfte. In Karlsruhe bestach Kahn bereits als junger Spieler durch unglaubliche Leistungen, insbesondere seine Reflexe auf der Linie waren beeindruckend. Der Schritt zum FC Bayern war da nur logisch; der Keeper wechselte zur Saison 1994/95 für die damals höchste Ablösesumme von 2,6 Mio, die in Deutschland je für einen Torwart gezahlt wurde, an die Isar. Der Kapitän der Bayern ist auch heute noch die Integrationsfigur des Teams, das er mit seinem Ehrgeiz zu immer neuen Höchstleistungen anspornen kann. Zwar hat er mit dem Verein schon alle wichtigen Trophäen geholt, der Höhepunkt war sicherlich der Gewinn der Champions League in der Saison 2000/01, aber Kahns Feuer scheint längst nicht erloschen zu sein. Natürlich ist einer wie Kahn auch fester Bestandteil von Deutschlands Nationalteam; das Erreichen des Endspiels bei der WM 2002 in Japan und Südkorea schreiben viele Experten nahezu ausschließlich Kahns' Weltklasseleistungen zu. Während des Turniers war der »Titan«, wie ihn ein bekanntes Boulevardblatt damals taufte, sicherlich in der Form seines Lebens. Am Ende wurde er gar zum besten Torhüter der WM gekürt. Allerdings wurde er ausgerechnet im Finale zur tragischen Figur, als ihm gegen Ronaldo ein folgenschwerer Patzer unterlief, der zur späteren Niederlage gegen die Seleção führte. Dieser Fehler zum absolut falschen Zeitpunkt ist Sinnbild für Oliver Kahn, dessen Eskapaden auf und neben dem Platz stets für Zündstoff sorgen. Seine von unbändigem Ehrgeiz motivierten Ausraster, bei denen er auch gerne einmal seine Mitspieler tätlich angriff, machten Oliver Kahn in der Vergangenheit zur Reizfigur. Seine Fans lieben den Blondschopf, während er für manch anderen nicht gerade ein Sympathieträger ist. Zu seinen Auszeichnungen gehören unter anderem Torhüter des Jahres 1994, 1997, 1999, 2000, 2001, 2002, Fußballer des Jahres 2000 und 2001, Welttorhüter des Jahres 1999, 2001 und 2002. Genie und Wahnsinn liegen bei dem Weltklassemann eindeutig ganz nahe beisammen; ein anderer Verrückter formulierte hierzu treffend: »Als Torwart musst du einen

richtigen Lattenschuss haben. Du musst eben durchgeknallt sein!«. Diese Aussage Toni Schumachers trifft wahrscheinlich zu hundert Prozent auf Oliver Kahn zu; einen der ganz Großen des deutschen Fußballs.

Keegan, Kevin (England)

(geb. 14.2.1951)

»Mighty Mouse«, wie Keegan genannt wurde, wusste auch außerhalb des Platzes zu überzeugen: Mit der Popgruppe »Smokie« produzierte er eine äußerst erfolgreiche Schallplatte. Auf dem Fußballplatz war Keegan ohnehin unumstritten, überzeugte als genialer Techniker und einsatzfreudiger Kämpfer in einer Person. Mit 20 Jahren war er vom viertklassigen Scunthorpe United als Mittelfeldspieler zum großen FC Liverpool gekommen. Nachdem er in dieser Rolle bei Vorbereitungsspielen nur mäßig überzeugen konnte, setzte ihn Trainer Bill Shankly im Sturm ein. In seinem ersten Ligaspiel traf er schon nach zwölf Minuten, Liverpool gewann 3:1 und Keegan wurde zu einem der herausragenden Stürmer Europas. In 321 Spielen für die »Reds« erzielte er 100 Treffer. 1972 bestritt er das erste von 63 Länderspielen, in denen er 21 Tore schoss. Im Verein ließen die Erfolge nicht lange auf sich warten. 1973 gewann er die erste Meisterschaft, zwei weitere sollten folgen und 1974 der Pokal. Nachdem Liverpool zweimal den UEFA-Pokal gewonnen hatte und Keegan 1976 Fußballer des Jahres geworden war, verabschiedete er sich 1977 mit dem Triumph über Mönchengladbach im Europapokal. Er suchte neue Herausforderungen und wechselte

zum Hamburger SV. Nach anfänglichen Anpassungsschwierigkeiten schaffte er es dank seines großartigen kämpferischen Einsatzes nach kurzer Zeit, die Zuschauer für sich einzunehmen. Auch in die Mannschaft integrierte er sich rasch, lernte nahezu perfekt Deutsch. In seiner zweiten Saison schoss er den Hamburger SV mit 17 Toren zur ersten Meisterschaft in der Bundesliga. 1978 und 1979 wurde er Europas Fußballer des Jahres. 1999 wurde er Trainer der englischen Nationalmannschaft. Nach einer wenig erfolgreichen Europameisterschaft und einem schlechten Start in die WM-Qualifikation trat er 2000 von dem Amt zurück.

Klinsmann, Jürgen (Deutschland)

(geb. 30.7.1964)

Durch seine schnellen Sprints mit dem Ball, spektakuläre Tore, großen Einsatz und sein sympathisches Auftreten war »Klinsi« einer der populärsten Stürmer der 1990-er Jahre. Seine erste Station im Profifußball waren 1983 die Stuttgarter Kickers. Nach zwei Jahren in der zweiten Liga wechselte er mit 21 zum Lokalrivalen VfB in die erste Liga. Er eroberte sich sofort einen Stammplatz und schoss in 156 Ligaspielen 79 Tore, bis er 1989 zu Inter Mailand wechselte. In der Saison 1987/88 wurde er Nationalspieler, Torschützenkönig und Deutschlands Fußballer des Jahres. Im folgenden Jahr zog er mit Stuttgart in das Finale des UEFA-Pokal-Endspiel ein, was gegen den SSC Neapel verloren wurde. Nach dieser Spielzeit folgte er den Nationalmannschaftskollegen Matthäus und Brehme

zu Inter Mailand, wo er 1991 den UEFA-Cup-Sieg feiern konnte. Im gleichen Jahr fand auch die Weltmeisterschaft in Italien statt, in deren Verlauf Klinsmann wahrscheinlich das Spiel seines Lebens machte. Es war das Achtelfinale gegen den amtierenden Europameister Holland, in dem sein Sturmpartner Rudi Völler zu unrecht gemeinsam mit Frank Rijkaard schon früh des Feldes verwiesen worden war. Klinsmann, nun in vorderster Front auf sich allein gestellt, zeigte unglaublichen Einsatz, erzielte das 1:0 und war der überragende Mann auf dem Platz. In Rom wurde Deutschland schließlich Weltmeister und Klinsmann hatte seinen ersten internationalen Titel gewonnen. 1996 folgte mit der Europameisterschaft beim Turnier in England der zweite. 1998 bestritt er bei seiner dritten Weltmeisterschaft sein 108. und letztes Länderspiel. Seine 47 Tore insgesamt machten ihn zu einem der erfolgreichsten deutschen Stürmer aller Zeiten. In der Zwischenzeit war Klinsmann nach Frankreich zum AS Monaco gewechselt, wo die großen Erfolge aber ausblieben. Nach zwei Jahren wechselte er zu den Spurs nach Tottenham. Am Ende der Saison war er Englands Fußballer des Jahres und wechselte zum FC Bayern, um mit der deutschen Meisterschaft einen ihm noch fehlenden Titel zu sammeln.

Im Jahr 2004 übernahm er das Amt des Bundestrainers der deutschen Fußballnationalmannschaft und führte diese zu einem grandiosen dritten Platz bei der WM 2006 im eigenen Land. Danach legte er auf eigenen Wunsch dieses Amt nieder.

Maier, Sepp (Deutschland)

(geb. 28.2.1944)

Bei ihm konnte man den Eindruck gewinnen, dass nicht Torwartlegenden wie Zamora, Jaschin oder Turek seine großen Vorbilder waren, sondern eher ein Komödiant wie Karl Valentin: Bei der Nationalhymne zwinkerte Maier in die Kamera, während des Spieles jagte er eine Ente mit einem Hechtsprung oder baute auch mal eine Sandburg in seinem Strafraum. Doch diese Späße dienten nicht etwa dazu, mangelnde Leistungen zu überspielen, nein – Sepp Maier war einer der weltbesten Torhüter des 20. Jahrhunderts. Bis zum Alter von 16 Jahren spielte er beim TSV Haar, mal als Stürmer, mal als Torhüter. Als solcher kam er 1960 zu Bayern München, wo er beim Bundesligaaufstieg 1965 schon zur unangefochtenen Nummer 1 werden sollte. Von 1966–1977 bestritt die »Katze von Anzing«, wie man ihn nannte, für die Münchner 400 Spiele in Folge, ohne auch nur ein einziges zu verpassen. Dank Maier etablierte sich der Aufsteiger schnell in der Bundesliga und so war es nur natürlich, dass er bald in die Nationalmannschaft berufen wurde. 1966 fuhr er als Vertreter von Hans Tilkowski zu seiner ersten Weltmeisterschaft, nach deren Ende er auch bald Stammspieler im Nationalteam wurde. Mit den Bayern hatten sich inzwischen erste Erfolge eingestellt. 1967 hatte man den Pokal zum zweiten Mal hintereinander und auch den Europapokal der Pokalsieger gewonnen, 1969 gewannen die Münchner das Double. Mit einem weiteren Pokalsieg wurde die glorreiche Ära der 1970er-Jahre eingeläutet, in denen die Münchner von 1972–1974 dreimal deutscher Meister wurden und von 1974–1976 auch dreimal in Folge den Europapokal gewannen. 1972 war der erste große Erfolg im Nationalteam dazugekommen. Deutschland wurde Europameister und Maier hatte in den zehn Spielen bis zum Titel nur vier Gegentreffer zugelassen. Absoluter Höhepunkt war jedoch zwei Jahre später die Weltmeisterschaft im eigenen Land. In vier von sieben Spielen blieb er ohne Gegentor und ermöglichte durch überragende Leistungen im Halbfinale gegen Polen sowie im Endspiel gegen Holland den Titelgewinn. 1978 war Maier in einer ansonsten enttäuschenden Nationalmannschaft der herausragende Spieler bei der Weltmeisterschaft in Argentinien. Sein Weg zum Rekordspieler wurde 1979 leider beendet, als er nach einem schweren Autounfall seine Karriere beenden musste. Seine Ausnahmestellung untermauern auch drei Titel als Deutschlands Fußballer des Jahres, eine Auszeichnung, die sonst eher den Offensiv-Strategen vorbehalten ist.

In den 1980er Jahren wurde Maier Torwarttrainer der Nationalmannschaft und hatte so auch seinen Anteil an dem erneuten Gewinn der Weltmeisterschaft 1990. Zum Posten beim DFB ist inzwischen auch der beim FC Bayern dazugekommen, wo er Oliver Kahn zum Weltklasse-Torwart formte.

Mittlerweile konzentriert sich Maier ganz auf seine Tätigkeit beim FC Bayern.

Maradona, Diego (Argentinien)

(geb. 30.10.1960)

Er hätte wahrscheinlich der größte Spieler aller Zeiten werden können, wären da nicht zu viele Eskapaden außerhalb des Spielfeldes gewesen: Vaterschaftsklagen, Drogenprobleme, Dopingsperre, Gewehrschüsse auf Fotografen, übertriebene Selbstherrlichkeit. Nach seinem offensichtlichen Handspiel beim 1 : 0 gegen England bei der Weltmeisterschaft 1986 sagte er den legendär gewordenen Satz: »Wenn da eine Hand im Spiel gewesen ist, war es die Hand Gottes!«. Sein erstes Ligaspiel bestritt Maradona kurz vor seinem 16. Geburtstag bei Argentinos Juniors. Mit 17 debütierte er im Nationalteam und mit 18 wechselte er zu den Boca Juniors Buenos Aires. Schon dort, spätestens aber bei seiner ersten Weltmeisterschaft 1982 in Spanien, machte er auch die Europäer auf sich aufmerksam. Der kleine Argentinier konnte am Ball praktisch alles, führte glänzend Regie und schoss äußerst gefährliche Freistöße. Barcelona behielt ihn nach dem Turnier gleich in Spanien und Maradona führte die Katalanen schon in seiner ersten Saison zu Meisterschaft, Pokalsieg und Supercup. Nachdem er im Pokalfinale 1984 eine Massenschlägerei unter den Augen des spanischen Königs angezettelt und sich später auch noch mit dem Präsidenten des Clubs angelegt hatte, zog es den Argentinier nach Süditalien. Für die damals höchste Ablösesumme aller Zeiten, ca. 24 Millionen DM, wechselte er 1984 nach Neapel. Zwei Jahre später feierte er bei der Weltmeisterschaft in Mexiko seinen größten

Erfolg: Er schoss fünf Tore, darunter das spektakuläre 2:0 gegen England, bei dem er mit dem Ball noch in der eigenen Hälfte zu einem Sololauf ansetzte und nicht weniger als sieben englische Spieler aussteigen ließ. Im Finale gab er den Pass, der zum entscheidenden 3:2 gegen Deutschland führte. 1990 stand Maradona erneut im Finale der Weltmeisterschaft und spielte 1994 sein viertes Turnier, bei dem er allerdings des Dopings überführt und vorzeitig ausgeschlossen wurde.

In der Zwischenzeit hatte er mit dem SSC Neapel 1987 das Double, 1989 den UEFA-Pokal und ein Jahr später erneut die Meisterschaft gewonnen. 1991 wurde er nach 186 Spielen und 81 Toren für Neapel wegen Drogenmissbrauchs für 15 Monate gesperrt. Sein Comeback feierte er 1992 bei Sevilla in Spanien. 1995 kehrte er noch einmal zu den Boca Juniors zurück und erzielte in 24 Einsätzen acht Tore. Nach dem Ende seiner Karriere hatte der inzwischen extrem übergewichtige Maradona schwere Drogenprobleme und ging zur Entziehung nach Kuba.

Matthäus, Lothar (Deutschland)

(geb. 21.3.1961)

25 Einsätze bei Weltmeisterschaften, als einziger Feldspieler spielte er bei fünf Weltmeisterschaften, 150 Länderspiele, 1990 Weltmeister und Europas Fußballer des Jahres, sieben nationale Meisterschaften, zwei nationale Pokalsiege und zwei UEFA-Pokalsiege – das sind nur einige der unzähligen Erfolge in der Karriere des Lothar Matthäus. Er war zwar nie ein brillanter Techniker, wurde aber durch seine Dynamik, Einsatzbereitschaft und Passstärke über das halbe Spielfeld zu einem herausragenden Spieler. Begonnen hatte alles beim FC Herzogenaurach. Mit 18 wechselte Matthäus zum damaligen Spitzenklub Borussia Mönchengladbach, wurde sofort Stammspieler und erreichte schon in der ersten Saison das Uefa-Cup-Finale. Sein erstes Länderspiel bestritt er bei der Europameisterschaft 1980, die Deutschland gewann. Matthäus wurde aber erst später zu einer festen Größe im Nationalteam. 1984 wechselte er zum FC Bayern München und gewann von 1985–1987 dreimal in Folge die Meisterschaft. Nach vier Jahren bei den Münchnern suchte er eine neue Herausforderung und ging zu Inter Mailand. Schon in seiner ersten Saison wurde er mit dem italienischen Club Meister. Bei der Weltmeisterschaft 1990 machte er eines der besten Spiele seiner Karriere: Beim 4:1 gegen die Jugoslawen schoss er als Mittelfeldspieler zwei Tore und spielte wie im Rausch. Der Grundstein war gelegt und Matthäus gewann nach zwei vergeblichen Anläufen in den Endspielen von 1982 und 1986 den ersehnten Titel. Nach vier Jahren in Italien kehrte er 1992 nach München zurück, wo er alsbald die Position des Liberos übernahm. Auf diesem Posten bestritt er auch seine vierte Weltmeisterschaft in den USA. Nachdem er eigentlich schon aus der Nationalelf zurückgetreten war, reaktivierte ihn Bundestrainer Berti Vogts zur Weltmeisterschaft 1998 in Frankreich. Im Herbst nach der Weltmeisterschaft trat Erich Ribbeck die Nachfolge von Vogts an und überredete Matthäus, seine internationale Karriere bis zur Europameisterschaft fortzusetzen. Nach meist überzeugenden Leistungen in den Qualifikationsspielen enttäuschte der nun schon 39-Jährige, wie auch fast alle anderen Spieler, beim Turnier in Holland und Belgien und trat endgültig aus dem Nationalteam zurück. Das Turnier hatte ihn jedoch zu diesem Zeitpunkt zum Weltrekordler mit den meisten Länderspielen gemacht.

Matthews, Stanley (England)

(1.2.1915–23.2.2000)

Wer denkt, dass Lothar Matthäus lange Fußball gespielt hat, der sollte einen Blick auf die unvergleichliche Karriere des Stan Matthews werfen: 1933 debütierte der Rechtsaußen als 18-jähriger in der Liga-Mannschaft von Stoke City, 1934 bestritt er sein erstes Länderspiel und wurde 1935 englischer Meister. Als er 32 Jahre alt war, wollte Stoke City ihn aufgrund seines Alters nur noch in der Reserve spielen lassen. Matthews wechselte zum FC Blackpool und gewann 1953 in einem denkwürdigen Endspiel den Pokal. Blackpool lag eine halbe Stunde vor Ende der Partie mit 1:3 zurück, Matthews bereitete drei Tore vor und Blackpool gewann noch mit 4:3. 1956 wurde er im Alter von 41 Jahren (!) Europas Fußballer des Jahres. Nach 14 Jahren kehrte er zum damals zweitklassigen Stoke City zurück, was dessen Zuschauerschnitt von 8000 auf 23 000 steigern ließ, und führte sie zwei Jahre später als Meister der zweiten Liga wieder zurück in die erste Division. 1965 beendete er seine unvergleichliche Karriere im Alter von 50 Jahren. Was blieb, war der »Matthews-Trick« (links antäu-schen, rechts vorbei) und die Erinnerung an einen Mann, der sich in den Augen aller Fußball-Fans den ihm 1965 von der eng-lischen Königin verliehenen Adelstitel »Sir« verdient hatte wie kaum ein anderer.

Müller, Gerd [Deutschland]

(geb. 3.11.1945)

»Kleines dickes Müller« nannte ihn sein Trainer Tschik Cajkovski wenig respektvoll. Auf den ersten Blick hätte wohl keiner ge-dacht, dass es sich bei Müller um den er-folgreichsten deutschen Torjäger aller Zei-ten handelt. Er war kein technisch perfekt spielender Mittelstürmer, der auch im Mittelfeld beim Spielaufbau helfen konnte. Sein Platz war der Strafraum, wo er uner-müdlich arbeitete, sich auf engstem Raum durchsetzen konnte und mit unvergleich-lichem Torriecher Treffer mit allen Körper-teilen erzielte, was ihm den Beinamen »Bomber der Nation« eintrug. In der B-Jugend des TSV Nördlingen sorgte Müller erstmals für Aufsehen, als er in einer Saison 197 Tore schoss. Der FC Bayern München verpflichtete ihn 1964 und stieg mit ihm 1965 in die Bundesliga auf. Dort schoss er die Bayern zum führenden deut-schen Verein und einem der besten Euro-pas. In seiner ersten Bundesliga-Saison er-zielte er 15 Treffer und wurde schon in der zweiten Torschützenkönig. Diesen Titel ge-wann er insgesamt sieben Mal, darunter einmal mit 40 Toren, was noch heute deut-scher Rekord ist. 1970 wurde er mit 38 Tref-fen Europas Torschützenkönig. Im gleichen Jahr wurde er zu Europas Fußballer des Jah-res gewählt. In seinen 427 Bundesligaspie-

len schoss Gerd Müller 365 Tore – deut-scher Rekord. Mit den Bayern wurde er je viermal deutscher Meister und Pokalsieger, gewann dreimal in Folge den Europapokal und je einmal den Weltpokal sowie den Europapokal der Pokalsieger. Auch in der Nationalmannschaft war er sehr erfolg-reich. Sein erstes Länderspiel bestritt er 1966 im Alter von 21 Jahren. 1970 wurde er bei seiner ersten Weltmeisterschaft mit zehn Toren Torschützenkönig, 1972 durch zwei seiner Treffer im Finale Europameister und 1974 Weltmeister, wobei er das ent-scheidende zweite Tor im Finale gegen die Niederlande erzielte. Nach dem gewonne-nen Finale von München beendete er seine Karriere im Nationalteam. Was blieb, waren 68 Tore in 62 Länderspielen – deutscher Rekord.

Nedved, Pavel [Tschechien]

(geb. 30.8.1972)

Er bringt alles mit, was einen Superstar ausmacht: brillante Ballbehandlung, Über-sicht, einen harten Schuss und Zielgenauig-keit bei seinen Freistößen. Nicht umsonst gewann der Tscheche die Wahl zu Europas bestem Spieler vor dem Franzosen Thierry Henry und Italiens lebender Legende Paolo Maldini. Die Saison 2002/2003 war bisher Nedveds beste Spielzeit. Sein Verein Juven-tus Turin verteidigte den italienischen Meis-tertitel und zog auf internationaler Ebene bis ins Finale der Champions League ein. In der Meisterschaft erzielte der schweig-same Offensivmann neun Treffer und glänzte vor allen Dingen mit präzisen Pässen. Im Halbfinale der »Königsklasse« markierte Nedved das vorentscheidende

3:0, kassierte jedoch auch eine gelbe Karte, die ihm einen Auftritt im Endspiel verwehrte. Juve unterlag dem AC Mailand schließlich 2:3 nach Elfmeterschießen, an den herausragenden Leistungen des tsche-chischen Mittelfeldstrategen änderte dies jedoch nichts.

In den Jahren 1998–2001 avancierte Nedved zum Publikumsliebling des italieni-schen Clubs Lazio Rom und verhalf dem Verein zu drei Titeln (Europapokal der Pokalsieger, Meisterschaft und Pokal). Für 41,2 Millionen Euro wechselte Nedved nach der Saison 2000/2001 zu Juventus Turin. Dort sollte er den zu Real Madrid gewech-selten Superstar Zinedine Zidane ersetzen. Der Offensivstratege nahm die Heraus-forderung an und gewann gleich in seiner ersten Spielzeit einen weiteren »Scudetto« (italienische Meisterschaft). Inzwischen ist der Tscheche die Seele des Juve-Spiels.

Netzer, Günther [Deutschland]

(geb. 14.9.1944)

Seine Profilaufbahn begann der Blond-schopf in der Saison 1965/66 in der Bundesligamannschaft von Borussia Mön-chengladbach. Bereits im gleichen Jahr wurde er erstmals in die Deutsche Natio-nalmannschaft berufen. Netzer war die Ver-körperung des typischen Spielmachers und galt damals wie heute als einer der besten Mittelfeldspieler aller Zeiten. In 230 Spielen für Mönchengladbach erzielte er 82 Tore. 1970 und 1971 wurde er mit Mönchenglad-bach Deutscher Meister, 1973 Deutscher Pokalsieger. 1973 wechselte er zu Real Madrid in die spanische Liga und errang dort zwei Meistertitel und zwei Pokalsiege. Ab 1976 spielte er noch eine Saison für die Grashoppers aus Zürich. In der Nationalmannschaft kam er 37-mal zum Einsatz, dabei schoss er sechs Tore. Mit Deutschland wurde er 1972 Europameister und 1974 Weltmeister. 1977 beendete Netzer seine aktive Laufbahn. Von 1978–1986 war er als Manager beim HSV tätig. In dieser Zeit wurde der HSV zweimal Deutscher Meister und 1983 in Athen Europapokalsieger der Landesmeister. »Andere mussten jahrelang schuften, ihm genügten wenige Spiele zur Unsterblichkeit«, schrieb einmal das FAZ-Magazin über ihn. Welcher Fußballfan erinnert sich nicht gerne an seinen Treffer im Pokalfinale 1973 gegen den 1. FC Köln und seinen eigentümlichen Jubelsprung.

Overath, Wolfgang (Deutschland)

(geb. 29.9.1943)

Ein erstklassiger Spielmacher, der es verstand, seine Mitspieler mit präzisen Pässen über große Entfernungen gekonnt in Szene zu setzen. Ausgestattet mit einem kraftvollen linken Fuß, stark im Zweikampf und mit der Fähigkeit, in wichtigen Spielen stets seine beste Form zu erreichen, wurde er zu einer wichtigen Figur in der deutschen Nationalmannschaft. Als einziger Spieler neben Franz Beckenbauer gewann er bei Weltmeisterschaften Bronze-, Silber- und Goldmedaille. Begonnen hatte seine Karriere beim SV Siegburg, von dem er 1963 zum 1. FC Köln wechselte. Overath war in der neu gegründeten Bundesliga von Beginn an dabei und schoss als noch nicht

einmal 20-Jähriger gleich im ersten Spiel ein Tor. Nur einen Monat später feierte er als Einwechselspieler sein Debüt in der Nationalmannschaft, wo er sich auf Anhieb einen Stammplatz eroberte. Der FC Köln, dem Overath während seiner ganzen Karriere treu blieb, wurde 1964 erster Meister der Bundesliga. Mit nur 22 Jahren spielte er bei der Weltmeisterschaft 1966 in England eine wichtige Rolle, als sein Team erst in der Verlängerung des Finales durch das umstrittene Wembley-Tor auf dem Weg zum Titel gestoppt wurde. Vier Jahre später erzielte Overath beim Turnier in Mexiko den entscheidenden Treffer zum 1:0 Sieg gegen Uruguay im Spiel um den dritten Platz und wurde von der internationalen Presse zum Mittelfeldspieler des Turniers gewählt. Bei der Weltmeisterschaft 1974 im eigenen Land steigerte sich Overath im Laufe des Turniers, wurde durch ein 2:1 gegen die Niederlande Weltmeister und verabschiedete sich auf dem Gipfel seiner internationalen Karriere nach 81 Länderspielen aus der Nationalmannschaft. 1977 hatte er 408 Bundesligaspiele und 83 Tore vorzuweisen. Im Pokalfinale, das der 1. FC Köln zum zweiten Mal nach 1968 gewann, bestritt er sein letztes Spiel.

Pelé (Brasilien)

(geb. 23.10.1940)

Im Jahre 1969 landeten die Amerikaner auf dem Mond. Brasilien interessierte das nur am Rande. Denn im selben Jahr legte sich ein 29-jähriger Mann den Ball auf dem Elfmeterpunkt zurecht und ganz Brasilien fieberte mit. Er verwandelte ihn und in allen Kirchen Brasiliens wurden die Glocken ge-

läutet. Was war passiert? Pelé hatte sein tausendstes Tor erzielt. Vielleicht machen diese Ereignisse noch besser als die ganzen Titel und Rekorde die Ausnahmestellung des wahrscheinlich besten Fußballers aller Zeiten deutlich. Begonnen hatte die einzigartige Karriere Pelés beim FC Santos, wo er mit nicht einmal 16 Jahren sein Debüt in der ersten Mannschaft gab. Nur zehn Monate später bestritt er sein erstes Länderspiel gegen Argentinien und schoss prompt ein Tor. Insgesamt sollten es 92 Einsätze und 77 Tore werden. Mit 17 lief er im dritten Spiel der Brasilianer erstmals bei einer Weltmeisterschaft auf, erzielte im Halbfinale drei und im Endspiel gegen Schweden zwei Treffer. Brasilien gewann erstmals das Turnier und hatte den noch heute jüngsten Weltmeister aller Zeiten in seinen Reihen. In den folgenden drei Weltmeisterschaften gewann Pelé mit Brasilien zweimal den Titel, womit er der einzige Spieler ist, dem es dreimal gelang, die höchste Trophäe des Fußballs zu erreichen. Er bereitete Tore gleichermaßen erfolgreich vor, wie er sie schoss. Wahrscheinlich ist es so zu erklären, dass er nie Torschützenkönig bei einer Weltmeisterschaft war, wobei er aber mit zwölf Toren den dritten Platz in der ewigen Rangliste innehat.

Mit dem FC Santos holte er elfmal den brasilianischen Meistertitel, je zweimal den Südamerika- und Weltpokal. 1974 bestritt er sein letztes Spiel für Santos. Eigentlich wollte er seine Karriere zu diesem Zeitpunkt beenden, doch mit einem überaus lukrativen Angebot wurde er von einem Wechsel in die USA zu Cosmos New York überzeugt. Er bescherte der nordamerikanischen Fußballliga einen wahren Zuschauer-boom und verhalf Cosmos 1977 zur Meisterschaft.

Platini, Michel (Frankreich)

(geb. 21.6.1955)
Deutschland wäre für den Franzosen beinahe zum Alptraum geworden: Dreimal stoppte ihn die deutsche Elf auf dem Weg zu großen Titeln. Bei der Weltmeisterschaft 1982 verlor Frankreich im Halbfinale erst nach Elfmeterschießen, im nächsten Turnier vier Jahre später war wieder im Halbfinale Schluss und 1983 unterlag er mit Juventus Turin im Europapokalfinale dem Außenseiter Hamburger SV. Jedesmal war eine deutsche Mannschaft der Gegner. Doch Platinis Klasse führte trotz allem zu großen Erfolgen. Begonnen hatte seine Karriere bei Nancy, wo er mit 17 Jahren sein erstes Ligaspiel bestritt. Nach sieben Jahren, in denen er 97 Tore geschossen hatte, wechselte er zu St. Etienne. Drei Jahre später und nach einer großartigen Leistung bei der Weltmeisterschaft 1982 waren die Italiener auf ihn aufmerksam geworden. Der Regisseur hatte mit seinen präzisen Pässen, extrem gefährlichen Freistößen und überragender Spielintelligenz außerordentlich beeindruckt. Juventus verpflichtete ihn und sollte es nicht bereuen. Er verhalf den Turinern zu drei italienischen Meisterschaften in vier Jahren, dem Europapokal der Landesmeister und der Pokalsieger sowie dem Weltpokal.
Absoluter Höhepunkt seiner Laufbahn war die Europameisterschaft 1984. Platini wurde Torschützenkönig, erzielte neun Tore in fünf Spielen und führte Frankreich zum bis dahin größten Triumph – der Europameisterschaft. Als erster Spieler wurde er von 1983–1985 dreimal in Folge Europas Fußballer des Jahres.

Puskas, Ferencz (Ungarn)

(geb. 2.4.1927)
Trotz leichtem Übergewicht und wenig Talent mit dem rechten Fuß war »der Major«, wie Puskas genannt wurde, Dreh- und Angelpunkt der ungarischen Wundermannschaft, die Anfang der 1950-er Jahre Olympiasieger und Vizeweltmeister wurde. Er konnte sich auf sein linkes Bein verlassen, mit dem er Schüsse von beeindruckender Gewalt und Präzision auf das gegnerische Tor abfeuerte und seine Gegenspieler mit enger Ballführung oftmals schlecht aussehen ließ. Begonnen hat seine Karriere bei Kispest (später Honved genannt) Budapest. Mit 17 debütierte er im Nationalteam. Mit dem Führungsspieler Puskas wurde die ungarische Mannschaft zu den »Magischen Magyaren«, die das auf der Insel bis dahin unbesiegte England 1953 im Wembleystadion mit 6:3 nahezu demontierten. Sie selbst blieben 32 Spiele hintereinander ungeschlagen, verloren aber dann ausgerechnet im Weltmeisterschaftsfinale 1954 gegen Deutschland, das sie im Gruppenspiel noch mit 8:3 besiegt hatten. Puskas erzielte bis 1956 in 84 Länderspielen für Ungarn 83 Tore. Dann setzte er sich während des Volksaufstandes mit seiner Familie ins Ausland ab, wurde ein Jahr gesperrt und fand schließlich seine neue Heimat bei Real Madrid. Fünfmal wurde er mit den Königlichen spanischer Meister und viermal Torschützenkönig der spanischen Liga. Höhe-punkt der Vereinskarriere des Ungarn war das Europapokal-Endspiel 1960, bei dem er Real mit vier Toren zum Sieg (7:3) gegen Eintracht Frankfurt schoss. Zwei Jahre später erzielte er erneut im Finale gegen Benfica Lissabon einen Hattrick. Mit 38 Jahren beendete er seine Laufbahn und wurde ein hervorragender Trainer. 1971 erreichte er mit Panathinaikos Athen das Europapokalfinale.

Rahn, Helmut (Deutschland)

(16.8.1929–14.8.2003)
»Aus dem Hintergrund müsste Rahn schießen... Rahn schießt...«, wahrscheinlich jeder fußballbegeisterte Deutsche kennt die legendären Worte des Kommentators Herbert Zimmermann, die dem entscheidenden 3:2 des deutschen Rechtsaußen vorausgingen. Rahn, Dribbelkünstler mit hartem und präzisem Schuss, kam als 20-Jähriger zu Rot-Weiß Essen. In seiner ersten Saison schoss er gleich 20 Tore und wurde Nationalspieler. Mit Essen gewann er 1951 den Pokal und vier Jahre später die deutsche Meisterschaft.
Im Jahr zuvor hatte die Weltmeisterschaft in der Schweiz stattgefunden, absoluter Höhepunkt in der Karriere des trainingsfaulen Stürmers. In vier Spielen schoss er vier Tore und hatte damit maßgeblichen Anteil am Gewinn des Weltmeistertitels. Im Finale lag die deutsche Mannschaft schon mit 0:2 zurück, als Max Morlock mit seinem Anschlusstreffer die Aufholjagd einleitete. Rahn erzielte den Ausgleich und den unvergessenen Treffer zum 3:2. Ein Jahr später berief ihn Sepp Herberger in den Kader für die Weltmeisterschaft in Schweden. Ein

Glücksgriff, wie sich herausstellen sollte, denn Rahn spielte eine ausgezeichnete Endrunde und wurde durch sechs Treffer zusammen mit dem jungen Pelé zweitbester Torschütze des Turniers. Seine zehn Tore bei Weltmeisterschaften bedeuten Platz 6 der ewigen Bestenliste. In seinen 40 Länderspielen bis 1960 schoss er 21 Tore. Rot-Weiß Essen hatte er 1959 in Richtung Köln verlassen. In seinem ersten und einzigen Jahr beim 1. FC Köln wurde er Vize-Meister. Sein Weg führte ihn zu Twente Enschede, besonders glücklich wurde er dort aber nicht und so kehrte er 1963 zum Meidericher SV in die neu gegründete Bundesliga nach Deutschland zurück. Nachdem die Duisburger in dieser ersten Saison mit der Vize-Meisterschaft ihre bis heute beste Platzierung in der Vereinsgeschichte erreicht hatten, ließ Rahn seine Karriere in der folgenden Saison langsam ausklingen.

Ronaldinho (Brasilien)

(geb. 21.3.1980)
Ronaldo De Assis Moreira oder Ronaldinho ist für viele Fußballfans der derzeit beste Fußballer der Welt. Seine Dribblings, seine Tricks und seine Tore sind oftmals von einzigartiger Brillanz sowie von einem scheinbar schier unerschöpflichen Einfallsreichtum geprägt. Dabei glänzt Ronaldinho sowohl als genialer Vorbereiter als auch als Torschütze. Seine Karriere als Profi begann er 1997 und gleich in diesem Jahr wurde er in Ägypten bei der U-17 Juniorenweltmeisterschaft Torschützenkönig und Weltmeister. Zwei Jahre später feierte er gegen Lettland sein Länderspieldebüt. Fortan ging

sein Stern kometenhaft auf und Ronaldinho gewann mit der »Seleção« den Confed-Cup und wurde mit sechs Treffern erneut Torschützenkönig. 2001 folgte der Wechsel nach Europa zu Paris Saint Germain, wo er in zwei Jahren 50 Spiele absolvierte und dabei 17-mal ins Schwarze traf. Es folgte der WM-Titel 2002 und 2003 sein 30 Millionen Euro-Transfer zum FC Barcelona (teuerster Transfer in der Vereinsgeschichte der Katalanen). 2004 wurde Ronaldinho erstmals zum besten Spieler der Welt gewählt und führte die brasilianische Nationalmannschaft zum Sieg im CONFED-Cup 2005. Die Saison 2005/2006 wurde schließlich die bisher erfolgreichste Spielzeit seiner Karriere. Mit »Barca« gewann er überlegen die Champions League, errang die nationale Meisterschaft und wurde 2005 zudem Europas und erneut Weltfußballer des Jahres. Sein geschätzter Marktwert wird auf 70 Millionen Euro taxiert (Stand Mai 2006), seine fest geschriebene Ablösesumme beträgt unfassbare 155 Millionen Euro. Aber auch außerhalb des Platzes ist Ronaldinho, der pro Jahr ca. 15 Millionen Euro verdient, nahezu allgegenwärtig. So hat der Ballkünstler beispielsweise einen Zehn-Jahres-Vertrag mit einem großen Sportartikelhersteller und anderen Unternehmen. Zugleich gilt der oberste Künstler der »Seleção« aber als stets gut gelaunter Zeitgenosse, dem der Spaß am Fußballspiel nie zu vergehen scheint, der nach dem Training noch gerne spielerische Sonderschichten mit ein paar Kollegen nachlegt und dem es scheinbar völlig egal zu sein scheint, ob er vor 100 oder 100 000 Menschen spielt.

Ronaldo (Brasilien)

(geb. 22.9.1976)
Luiz Nazario da Lima, wie Ronaldo mit bügerlichem Namen heißt, gilt als einer der besten Spieler aller Zeiten. Der Weltfußballer der Jahre 1996, 1997 und 2002 wird auch »il Fenomeno« genannt und hat in seiner ruhmreichen Karriere mit seiner Schnelligkeit, seinen Dribblings und seiner Kaltschnäuzigkeit vor dem gegnerischen Tor so manche Abwehrreihe durcheinander gewirbelt. Bereits als 17-Jähriger stand er gegen Argentinien erstmals für die »Seleção« auf dem Platz und wurde im selben Jahr Weltmeister. Allerdings musste er sich während des Turniers mit der Zuschauerrolle begnügen. Nach der Weltmeisterschaft folgte der Wechsel nach Europa zum PSV Eindhoven, wo sein Stern endgültig aufging. In zwei Spielzeiten erzielte er in 57 Spielen 54 (!) Tore, so dass sich schließlich der FC Barcelona 1997 die Dienste des Stürmerstars sicherte. Dort wurde Ronaldo auf Anhieb Torschützenkönig und Europapokalsieger und 1998 als amtierender UEFA-Pokal-Sieger mit Inter Mailand (in der Serie A traf er 25 Mal und wurde in der Torschützenliste Zweiter hinter Oliver Bierhoff) Vize-Weltmeister mit der brasilianischen Nationalmannschaft.
2002 wurde Ronaldo ein zweites Mal Weltmeister und der Torjäger steuerte acht Treffer zu Brasiliens fünftem Triumph bei, darunter zwei im Finale gegen Deutschland. Nach der Weltmeisterschaft 2002 folgte der spektakuläre Wechsel für 45 Millionen Euro zu Real Madrid, wo er zugleich den Weltpokal holte und 2003 auch in Spanien, wie zuvor in Brasilien und Holland, Torschüt-

zenkönig wurde. Ronaldo war endgültig wieder zurück.

Rummenigge, Karl-Heinz (Deutschland)

(geb. 25.9.1955)

Mit 18 Jahren wechselte »Kalle«, wie Rummenigge genannt wurde, von seinem Heimatverein Borussia Lippstadt zu Bayern München. Anfangs hatte er Schwierigkeiten, sich in dieser Mannschaft voller Stars zu behaupten, doch bereits in seiner ersten Saison bestritt er 25 Spiele. In der nächsten Spielzeit wurde Trainer Udo Latteck von Dettmar Cramer abgelöst, was sich für Rummenigge als Glücksfall erweisen sollte. Der Coach erkannte nämlich das außergewöhnliche Talent des Stürmers und formte ihn durch viele Sonderschichten zum Nationalspieler und einem der besten Torjäger Europas. 1976 gewann Rummenigge mit Bayern erst den Europapokal und später gegen Cruzeiro Belo Horizonte den Weltpokal. Seine erste Weltmeisterschaft spielte er 1978. Deutschland enttäuschte, aber Rummenigge schoss immerhin drei Tore. Besser lief es zwei Jahre später bei der Europameisterschaft: Er bereitete im Finale das Siegtor durch Hrubesch vor, Deutschland wurde Europameister und der Münchner Europas Fußballer des Jahres. Im folgenden Jahr konnte er diese Auszeichnung erneut erringen. Trotz zweier Endspielteilnahmen bei den beiden folgenden Weltmeisterschaften blieb ihm der größte Titel verwehrt. 1982 in Spanien war er mit fünf Treffern Deutschlands erfolgreichster Torschütze. In 95 Länderspielen erzielte er 45 Tore, davon 19 Einsätze und neun Treffer

bei Weltmeisterschaftsendrunden. Bis 1984 hatte er mit dem FC Bayern weiter fleißig Titel gesammelt. Dreimal wurde er Meister, zweimal Pokalsieger und dreimal Torschützenkönig der Bundesliga. Dann führte ihn sein Weg zu Inter Mailand, die für ihn die damalige Rekordablöse von 11,4 Millionen DM nach München überwiesen. Nach drei Jahren verließ er Italien und ließ seine Karriere bei Servette Genf ausklingen. Danach war er unter anderem Vizepräsident beim FC Bayern München und Vorsitzender der sogenannten »Task Force«, die zur besseren Zusammenarbeit der Nationalmannschaft mit den Vereinen der Bundesliga gegründet wurde. Heute ist er Vorstandsvorsitzender der FC Bayern München AG.

Schevchenko, Andrej (Ukraine)

(geb. 29.9.1976)

Er ist das Idol (fast) jedes kleinen und großen Jungen in Kiew, Donezk oder Odessa, Hoffnung und Held eines fußballverrückten Landes und wahrscheinlich dessen bekanntester Bürger. Vor allem aber ist »Sheva« einer der besten Stürmer der Welt. Schnell und dynamisch im Wesen, technisch hervorragend und mit einem außergewöhnlichen Torriecher ausgestattet: Shevchenko schießt seine Tore sowohl mit rechts als auch mit links, mit dem Kopf oder vom Elfmeterpunkt. Im März 1995 debütierte »der Vollstrecker« gegen Kroatien für sein Heimatland und startete in der Folge eine einzigartige Karriere. Nach fünf überaus erfolgreichen Jahren mit fünf Meistertiteln, zwei nationalen Pokalen und dem Einzug ins Champions-League-Halb-

finale 1999 mit Dynamo Kiew ging er 1999 für 25 Millionen US-Dollar zum AC Mailand. Dort wurde er auf Anhieb mit 24 Toren Torschützenkönig, was zuvor noch keinem ausländischen Debütanten gelungen war. 2003 gewann er mit Milan die Champions League, nachdem er im Finale gegen Juve den entscheidenden Elfmeter versenkte und wurde in der Serie A mit 24 Toren erneut Torschützenkönig. 2004 gewann Schevchenko mit Milan den italienischen Meistertitel und wurde zu Europas Fußballer des Jahres gewählt. Doch auch die traurigen Momente, die der Fußball bereit hält, kennt Shevchenko: Im legendären Finale der Champions League 2004/05 verschoss er den entscheidenden Elfer gegen Liverpool. Bei den »Rossoneri« (AC Mailand) ist er mittlerweile zum zweitbesten Torjäger aller Zeiten hinter Gunnar Nordahl aufgestiegen. Auch die Torquote in seiner Champions-League-Karriere ist beeindruckend: In 90 Spielen für Kiew und Milan traf er 51 Mal ins Schwarze! Mit der erfolgreichen Qualifikation zur WM 2006 in Deutschland hat sich »Shevagol« einen Lebenstraum erfüllt – für die Jungs in Kiew, Donezk oder Odessa wird dies weiterer Ansporn sein, es ihrem Idol gleich zu tun.

Seeler, Uwe (Deutschland)

(geb. 5.11.1936)

Seine Karriere ist untrennbar mit dem Hamburger SV verbunden, den Seeler 1960 zur Meisterschaft und 1963 zum Pokalsieg schoss und dem er zeitlebens treu blieb. Obwohl »uns Uwe« in seiner Laufbahn keinen internationalen Titel gewinnen konnte, wurde er einer der populärsten Stürmer Deutschlands. Er war Vorbild an Einsatz und Fairness, spielte schnörkellos und geradlinig, steckte mehr ein als alle anderen und machte Tore aus allen Lagen. Über die Jugendmannschaft des Hamburger SV führte sein Weg bereits mit 17 Jahren in die erste Elf, wo er schnell überzeugte. Kurze Zeit später debütierte er im Oktober 1954 in der Weltmeisterelf neben Fritz Walter. Es war der erste von 72 Einsätzen, in denen er 43 Tore schoss. Er nahm an den folgenden drei Weltmeisterschaften teil und spielte 1970 sein letztes Turnier an der Seite von Gerd Müller. Dabei stellte er sich voll in den Dienst der Mannschaft, überließ Müller seinen Platz im Sturmzentrum und überzeugte mit glänzenden Leistungen alle Skeptiker dieses Sturmduos. Unvergessen wird sein Treffer per Hinterkopf im Viertelfinale gegen England bleiben. 21 Spiele bei vier Weltmeisterschaften waren sein persönlicher Rekord. Trotz zahlreicher lukrativer Angebote aus Spanien und Italien blieb er dem HSV immer treu und wurde in dessen Reihen fünfmal deutscher Torschützenkönig.

Stefano, Alfredo di
(Brasilien)

(geb. 4.7.1926)

Ein Mittelstürmer, der sich nicht nur auf sein außergewöhnliches Talent verließ, sondern durch seinen verbissenen Ehrgeiz und Fleiß zu einer Ausnahmeerscheinung unter den Fußballstars wurde. Stefano war zum einen der Diktator auf dem Spielfeld, der keine anderen Stars neben sich duldete, zum anderen war er aber auch stets ein Vorbild an Einsatz und Siegeswillen. Angriff

und Abwehr beherrschte er gleichermaßen in Vollendung. Begonnen hatte die Karriere di Stefanos bei River Plate Buenos Aires, wo er sich durch seine schnellen Sprints und blonden Haare rasch als »blonder Pfeil« einen Namen machte. Mit 18 gewann er schon die Meisterschaft. Nach vier Jahren in Kolumbien wechselte er 1953 nach Spanien. Eigentlich hatte der FC Barcelona di Stefano schon erworben, doch Real Madrid schaffte es mit der Unterstützung von Staatschef Franco und der damals astronomischen Ablösesumme von fast 700.000 DM, den Argentinier in die Hauptstadt zu lotsen. Bereits in seinem ersten Spiel sollte sich die Investition auszahlen: Das Spiel endete 5:0, di Stefano erzielte vier Tore und der Gegner war – der FC Barcelona! In seinen 565 Spielen für Real Madrid schoss er 466 Tore, wurde fünfmal hintereinander Europa-Pokal- und einmal Weltpokalsieger. 31 Tore standen nach 28 Länderspielen für Spanien auf seinem Konto. Zuvor war er siebenmal für die Auswahl Argentiniens aufgelaufen. Europas Fußballer des Jahres wurde er 1957 und 1959. Nach seiner Spielerkarriere feierte er auch als Trainer große Erfolge und führte die Boca Juniors Buenos Aires sowie den FC Valencia zur Meisterschaft.

Van Nistelrooy, Ruud
(Niederlande)

(geb. 1.7.1976)

Ruud van Nistelrooy ist einer der begehrtesten und gefährlichsten Stürmer der Gegenwart. Er besitzt wie Gerd Müller das Gen, das Tore schießen für ihn nicht nur zur Sucht, sondern auch zur Normalität

macht. Egal wo er spielt, gegen wen er spielt, er macht sein Tor. Gewiss sind Torrekorde von einst inzwischen kaum mehr zu brechen angesichts der gut ausgebildeten Verteidiger. Um so spektakulärer ist die sagenhafte Zahl von 44 Treffern bei seinen Pflichtspielen in der Saison 2002/2003. Dabei hatten die Beobachter seines heutigen Vereins Manchester United zuerst Zweifel, ob die Rekordablösesumme von 30 Millionen Euro für einen gerade von einer schweren Knieoperation genesenen Stürmer gerechtfertigt sei. Doch Van Nistelrooy überzeugte bereits in seiner ersten Spielzeit für Manchester (2001/2002) alle Skeptiker und zahlte das Vertrauen, das Sir Alex Ferguson in ihr gesetzt hatte, vielfach zurück. Bereits bei seinem Debüt im rot-weißen Dress erzielte er einen Doppelpack gegen den FC Fulham. Am Ende gingen 36 Tore auf sein Konto. Zehn Treffern von Van Nistelrooy in der Champions-League hatte es Manchester United zu verdanken, bis ins Halbfinale vorzurücken. Dennoch blieb ManU ohne Titel, da Arsenal London die nationale Meisterschaft errang, Van Nistelrooy konnte sich aber immerhin mit dem Titel Spieler des Jahres trösten, den er – nur ein Jahr nachdem seine Karriere wegen einer Verletzung zu Ende zu sein schien – gewann.
Im Jahr darauf gelangen ihm 44 Treffer, 25 davon in der englischen Premier League und Manchester holte sich den Titel wieder von den »Gunners« zurück. Auch in der Saison 2003/2004 kann sich die Fangemeinde auf den Torinstinkt ihres Topstürmers verlassen. Am 7. Februar schoss er sein 100. Tor für United gegen Everton –

und legte Nummer 101 gleich nach. Seinen 22-sten Geburtstag wird der schnelle Angreifer nicht so leicht vergessen, denn an diesem Tag unterzeichnete er einen Kontrakt beim PSV Eindhoven und war mit 6,3 Millionen Euro Transfersumme der teuerste Spieler, der je in Holland gewechselt ist. Er rechtfertigte auch diese Summe, indem er in seiner Debütsaison 31 Treffer markierte, damit zweitbester Torjäger Europas und zum Fußballer des Jahres in den Niederlanden gewählt wurde.

Walter, Fritz [Deutschland]

(31.10.1920–17.6.2002)
Seine Karriere ist untrennbar mit Bundestrainer Sepp Herberger verbunden. Er war der verlängerte Arm des »Chefs« auf dem Platz, er verstand es, die taktischen Anweisungen exakt umzusetzen. Walter war als perfekter Techniker Mittelstürmer und Regisseur in einer Person, die sich auch nicht zu schade war, in der Abwehr auszuhelfen. Für die damalige Zeit war er mit seinem schnellen und direkten Spiel ein Vorreiter des modernen Fußballs. Sein Spielverständnis ermöglichte es ihm, ständig überraschende Spielzüge einzuleiten. Außerhalb des Fußballplatzes blieb diese Ausnahmeerscheinung im deutschen Fußball stets bescheiden. In 61 Länderspielen erzielte Fritz Walter 33 Tore, auch weil er sich nicht scheute, den Weg in den gegnerischen Strafraum zu suchen und die Zweikämpfe anzunehmen. Debütiert hatte er mit 19 Jahren in der Nationalelf, wobei er gleich drei Tore schoss. Mit 16 Jahren spielte er erstmals in der ersten Mannschaft Kaiserslauterns. Zweimal wurde er

mit dem 1. FCK Deutscher Meister, dreimal Vizemeister. Wäre seine Karriere nicht durch den Krieg und zeitweilige Kriegsgefangenschaft in Russland unterbrochen worden, hätten wohl noch einige Titel mehr hinzukommen können. Doch auch so schaffte er es zu dem allenfalls mit Max Schmeling vergleichbaren Idol einer Generation zu werden. Seine Verdienste um den 1. FC Kaiserslautern werden sie ihm in der Pfalz nie vergessen und so wurde das Stadion auf dem Betzenberg auch in »Fritz-Walter-Stadion« umbenannt.

Zidane, Zinedine [Frankreich]

(geb. 23.6.1972)
Du suchst einen Fußballer, der es mühelos mit den legendären Spielern der Vergangenheit aufnehmen kann? Er soll technisch brillant sein, Eleganz, Spielwitz und Einsatzwillen zeigen und über viel Übersicht auf dem Platz verfügen. Du suchst einen zentralen Mittelfeldspieler, den man noch als »echte Nr. 10« bezeichnen kann? 2001 hättest du ihn bekommen, wenn du 76 Millionen Euro auf den Tisch gelegt hättest. Real Madrid hat damals zugeschlagen, als es darum ging einen der besten, wenn nicht gar den besten Fußballer der Neuzeit zu verpflichten. Neben seinen bereits genannten Fähigkeiten besitzt »Zi-Zou«, wie seine Fans ihn nennen, auch die Gabe im richtigen Moment das entscheidende Tor zu schießen. Den »Königlichen« bescherte er 2002 mit einem wunderschönen Treffer zum 2:1 den Sieg in der Champions League gegen Leverkusen.
Auch in der Nationalmannschaft machte Zidane den Unterschied aus. Den Welt-

meistertitel 1998 sicherte der Mittelfeldstratege den Franzosen nahezu im Alleingang. Zwei Treffer steuerte Zidane im Finale gegen Brasilien bei. Das erste Highlight seiner Karriere feierte der offensive Mittelfeldspieler in der Saison 1995/96 als der FC Bayern München die Franzosen im Finale des UEFA-Pokals stoppte. Ganz im Stile seines Idols Michel Platini, dem er erstmals 1984 als Balljunge nahe war, hatte Zidane den südfranzösischen Club geführt. Der Durchbruch des Franzosen blieb auch den europäischen Spitzenklubs nicht verborgen. Neben Juventus Turin hatten sich 1996 noch weitere Top-Clubs um die Unterschrift Zidanes gerissen. Bei der »alten Dame« des italienischen Fußballs lief der Franzose zur Höchstform auf. Zweimal holte er mit Juventus den italienischen Meistertitel. In der Saison 1996/1997 gewann er zudem den Weltpokal und wurde zu Frankreichs Fußballer des Jahres gewählt. 195 Spiele, in denen er 28 Tore schoss, absolvierte Zidane für Turin, ehe er 2001 zu Real Madrid wechselte. Zidane, der inzwischen auch zu einer Ikone der Werbung avancierte, gewann die Champions League 2002, den Weltpokal 2002 und die spanische Meisterschaft 2003 sowie zwei spanische und einen europäischen Supercup. Die WM 2006 war der Abschluss seiner großartigen Karriere. Als bester Spieler des Turniers führte er seine Mannschaft bis ins Finale. Dort unterlag sein Team Italien und er ließ sich zu einem Kopfstoß gegen einen italienischen Spieler mitreißen, weshalb er den Platz verlassen musste. Doch seine Fans erwiesen ihm die Treue, die er als großartiges Fußballgenie auch verdient hat.

Die erfolgreichsten Vereine der Welt

AC Mailand (1899)

Die »rosso-neri« (die Schwarz-Roten), wie die Spieler des AC Mailand von den Anhängern genannt werden, sind wahre Titelsammler: Insgesamt gewannen sie 17 nationale Meistertitel und fünf Pokalsiege. International brachten sie es auf sechs Champions-League-Titel und zwei Siege im Europapokal der Pokalsieger. Dreimal holten die Stars aus Mailand zusätzlich noch den Weltpokal. Letztmals glänzte die Truppe 2003 auf der europäischen Fußballbühne, als sie unter ihrem Trainer Carlo Ancelotti die Champions League gewann. Heimatstadion ist das berühmte »Giuseppe Meazza Stadion«. Zu den aktuellen Stars im Team gehören der Brasilianer Kaka und der italienische Nationalspieler Andrea Pirlo.

Ajax Amsterdam (1900)

Der holländische Traditionsverein, der seine Heimspiele in der modernen »Amsterdam Arena« austrägt, wurde in seiner ruhmreichen Geschichte bislang 29-mal Meister und 15-mal Pokalsieger. Darüber hinaus holten die Ballkünstler aus den Niederlanden viermal den Europapokal der Landesmeister und je einmal den Europapokal der Pokalsieger und den UEFA Pokal. Außerdem gewann das Team zweimal den Weltpokal. Berühmt ist Ajax auch wegen seiner hervorragenden Jugendarbeit, die immer wieder absolute Ausnahmespieler hervorbringt. Aus der Ajax-Schule gingen

beispielsweise solche Stars wie Johan Cruyff, Marco van Basten oder Arjen Robben hervor.

Benfica Lissabon (1904)

Der Rekordmeister Portugals, der seine Spiele im »Estadio da Luz« (»Stadion des Lichts«) austrägt, wurde 31-mal Meister in Portugal und gewann 24-mal den Pokalwettbewerb. In den 1960-er Jahren war die Mannschaft um den damaligen Star Eusebio zweimal Sieger beim Europapokal der Landesmeister. Zu den aktuellen Stars gehören die Nationalspieler Portugals, Nuno Gomes und Simao.

FC Arsenal London (1886)

Dem Traditionsverein aus London gelang in der Saison 2003/2004 ein bisher einmaliger Rekord: Die Mannschaft, deren Heimspiele im altehrwürdigen Londoner »Highbury-Stadion« stattfinden, schaffte es in der gesamten Spielzeit, kein einziges ihrer 38 Spiele zu verlieren! Und in der darauf folgenden Saison gelang es dem Team um den Erfolgstrainer Arsene Wenger sogar, diesen Rekord auf 49(!) Spiele ohne Niederlage zu erhöhen. Der Verein, bei dem heute Stars wie der Franzose Thierry Henry oder der Spanier Fabregas spielen, gewann insgesamt 13-mal den Titel in England, er wurde zehnmal Pokalsieger und gewann je einmal den UEFA-Pokal und den Europapokal der Pokalsieger. 2006 unterlag die Mannschaft, bei der der deutsche Nationaltorhüter Jens Lehmann zwischen den Pfosten steht, dem FC Barcelona erst im Finale der Champions League.

FC Barcelona (1899)

Die Mannschaft des holländischen Trainers Frank Rijkaard gilt nicht erst seit dem Gewinn des Champions League-Titels 2006 als die derzeit beste Vereinsmannschaft der Welt. In ihren Reihen stehen solche Super-Stars wie der Brasilianer Ronaldinho, der Portugiese Deco, der Kameruner Torjäger Samuel Eto'o und das Argentinische Supertalent Lionel Messi. Die Heimspiele trägt die Mannschaft im »Camp Nou« aus. Insgesamt holten die Katalanen 18 Meistertitel, 26 Pokalsiege, zweimal den Champions League-Titel, dreimal den UEFA Pokal und viermal den Europapokal der Pokalsieger. Der Verein, dessen Vereinsfarben Rot und Blau sind, ist nicht nur wegen seiner brillanten Spielweise berühmt, sondern auch wegen der Tatsache, dass er als einziger Club in Europa »mit blanker Brust« spielt. Das bedeutet, dass der Verein aus Tradition darauf verzichtet, einen Sponsor auf dem Trikot zu haben.

FC Bayern München

Der Vorzeigeverein in Deutschland gewann bisher 20-mal die Deutsche Meisterschaft und 13-mal den nationalen Pokal. Auch im internationalen Fußball können die Spieler aus München auf eine beachtliche Anzahl an Titeln verweisen: Als einzige deutsche Mannschaft gelang es dem FC Bayern, alle drei Wettbewerbe zu gewinnen. So war man 1967 im Europapokal der Pokalsieger erfolgreich und 1996 im UEFA-Pokal. Die Krone des europäischen Vereinsfußballs, den Titel im Europapokal der Landesmeister (Champions League), gewannen die Bayern bereits viermal (1974–1976 dreimal in Folge und im Jahr 2001). In die Trophäensammlung reihen sich noch zwei Titel als Weltpokalsieger 1976 und 2001 ein. Heimat der Bayern ist die »Allianz Arena« in München.

FC Chelsea London (1905)

Die »Blues«, wie die Spieler aus dem Westen Londons von den Fans genannt werden, sind derzeit der wohl reichste und teuerste Club der Welt. Eine unglaubliche Ansammlung an Stars hat der russische Ölmilliardär Roman Abramowitsch mit mehreren 100 Millionen Euro seit 2003 zusammengekauft. Zum aktuellen Starensemble gehören der Kapitän der Deutschen Nationalmannschaft Michael Ballack sowie der ukrainische Top-Stürmer Andrej Schevchenko. Auch Frank Lampard (Nationalspieler Englands) und der Stürmerstar der Elfenbeinküste, Didier Drogba, stehen auf der Gehaltsliste des Vereins, der sich in der Saison 2005/2006 den Titel in England holte und jetzt unbedingt auch in der Champions League erfolgreich sein will. Die Heimspiele trägt die Mannschaft des exzentrischen Star-Trainers Jose Mourinho im ehrwürdigen Stadion an der »Stamford Bridge« aus. In die Titelsammlung der Londoner gehören unter anderem zwei Siege im Europapokal der Pokalsieger.

FC Liverpool (1892)

Mit 18 nationalen Meistertiteln sind die »Reds« immer noch Rekordmeister in England. Sechsmal gewannen die Spieler aus Liverpool, die ihre Heimspiele an der »Anfield Road« bestreiten, auch noch den Englischen Pokal. International stehen insgesamt fünf Siege im Europapokal der Landesmeister/Champions League und drei Titelgewinne im UEFA-Pokal zu Buche. Den letzten Titel gewannen die »Reds« unter dem spanischen Trainer Rafael Benitez in der Saison 2004/2005. In einem unglaublichen Endspiel sicherte sich das Team im Elfmeterschießen gegen den favorisierten AC Mailand den Champions-League-Titel. Nach einem 0:3 Pausenstand kämpfte sich die Mannschaft um ihren Kapitän Steven Gerrard mit drei schnellen Toren wieder in das Spiel zurück und schaffte es bis ins Elfmeterschießen. Dort war man nervenstärker als die Spieler aus Mailand und konnte diesen den sicher geglaubten Titel noch aus den Händen reißen.

FC Porto (1893)

Der zweite Spitzenverein aus Portugal, der es in seiner langen Geschichte auf insgesamt 20 Meisterschaften und 12 Pokalsiege in Portugal gebracht hat. Auch auf internationaler Ebene war das Team schon äußerst erfolgreich. zweimal gewann der FC Porto die Champions League und je einmal den Europapokal der Pokalsieger und den UEFA Pokal. Die Heimspiele des FC Porto finden im »Estadio do Dragão« statt.

Inter Mailand (1908)

Inter ist der Dauerrivale des Stadtnachbarn AC Mailand und teilt sich mit diesem das »Giuseppe Meazza Stadion«. Gegründet wurde der Verein von abtrünnigen Mitgliedern des AC und seither kämpfen beide Mannschaften um die Vorherrschaft in Mailand. Inter hat es dabei auf 13 nationale Meisterschaften und vier Pokalsiege gebracht. Auch in den internationalen Wettbewerben konnten die »Blau-Schwarzen« schon einige Titel sammeln. So gewannen sie zweimal den Europapokal der Landesmeister und dreimal den UEFA-Pokal. Außerdem waren die Spieler von Inter auch zweimal im Weltpokal erfolgreich. Zu den Stars, die derzeit das Trikot der »Blau-Schwarzen« tragen, gehören der brasilianische Stürmerstar Adriano und der portugiesische Star Luis Figo.

Juventus Turin (1897)

»Juve« oder »die alte Dame«, wie der Verein liebevoll von den Fans genannt wird, ist der erfolgreichste Verein Italiens. Mit insgesamt 27 Meistertiteln und neun Pokalsiegen stehen die »Schwarz-Weißen« unangefochten an der ersten Stelle. Zu diesen nationalen Titeln gesellen sich zwei Siege in der Champions League, ein Sieg im Europapokal der Pokalsieger und drei Erfolge im UEFA-Pokal. Zusätzlich gewann das Team zweimal den Weltpokal. Ihre Heimspiele absolviert die Mannschaft im »Stadio delle Alpi«. Bis zur Saison 2005/2006 war das Juve-Team gespickt mit internationalen Starspielern: So bekannte Spieler wie der Tscheche Pavel Nedved, der Schwede Ibrahimovic, die Franzosen Patrick Viera und David Trézéguet, der italienische Welttorhüter Buffon, der italienische Abwehrspieler Fabio Cannavaro und der Stürmer Alessandro Del Piero schnürten sich die Fußballstiefel für den Traditionsverein. Nach einem Wettskandal und dem damit verbundenen Zwangsabstieg haben die meisten der Stars den Verein verlassen und sich neuen Clubs angeschlossen.

Manchester United (1878)

»ManU« gehört seit vielen Jahrzehnten zu den absoluten Top-Clubs in Europa. In seiner ruhmreichen Vergangenheit brachte es der Verein aus dem Norden Englands auf 15 nationale Meisterschaften und elf Pokalsiege. Dazu gesellen sich noch zwei Siege im Europapokal der Landesmeister/Champions League, ein Erfolg im Europapokal der Pokalsieger und ein Sieg im Weltpokal. Star des Teams ist eigentlich der Trainer, Sir Alex Ferguson, der schon seit dem Jahr 1986 für die Mannschaft verantwortlich ist und in dieser langen Zeit eine Reihe von Siegen feiern konnte. Den wohl größten Erfolg feierte er, sehr zum Leidwesen des FC Bayern, mit dem Gewinn der Champions League im Jahr 1999. Ebenso berühmt wie der Trainer ist auch das Stadion des Vereins, das »Old Trafford«, das zu den legendären Fußballstadien der Welt zählt. Aktuelle Stars der Mannschaft sind der Portugiese Christiano Ronaldo und der englische Wunderknabe Wayne Rooney. Bis zur Saison 2005/2006 ging auch der Niederländer Ruud van Nistelrooy erfolgreich für die »Red Devils« (die »Roten Teufel«) auf Torejagd, ehe er zu Real Madrid wechselte.

Real Madrid (1902)

Der Traditionsverein aus der Hauptstadt Spaniens ist wohl der erfolgreichste Club der Welt. All die Erfolge der Mannschaft aufzuzählen, würde mehrere Seiten in Anspruch nehmen. In seiner ruhmreichen Geschichte konnte »das weiße Ballett«, wie die Madrilenen wegen ihrer weißen Trikots und der eleganten Spielweise genannt werden, 29-mal den Spanischen Meistertitel und 17-mal den Spanischen Pokalsieg erringen. Zu dieser außergewöhnlichen Bilanz gesellen sich noch unglaubliche neun Titel im Europapokal der Landesmeister/Champions League (allein fünf Titel in Folge in den Jahren 1956–1960), zwei Erfolge im UEFA Pokal sowie drei Siege im Weltpokal. Die »Königlichen«, wie sie wegen der königlichen Krone im Vereinswappen und wegen ihres Namens genannt werden, spielen in einem der berühmtesten Fußballtempel der Welt, dem »Estadio Santiago Bernabeu« und werden bei ihren Heimspielen auch des Öfteren vom Spanischen König besucht. In den Jahren 2000–2002 wurden die Spieler wegen ihrer außergewöhnlichen Spielweise und der Ansammlung von Stars »die Galaktischen« genannt. Zum Kader gehörten solche Top-Stars wie der Franzose Zinedine Zidane, der Engländer David Beckham, der Brasilianer Ronaldo und der Portugiese Luis Figo.

Fußball in Zahlen

Weltmeisterschaften

Jahr	Titelgewinner
2006	Italien
2002	Brasilien
1998	Frankreich
1994	Brasilien
1990	Deutschland
1986	Argentinien
1982	Italien
1978	Argentinien
1974	Deutschland
1970	Brasilien
1966	England
1962	Brasilien
1958	Brasilien
1954	Deutschland
1950	Uruguay
1938	Italien
1934	Italien
1930	Uruguay

Europameisterschaften

Jahr	Titelgewinner
2004	Griechenland
2000	Frankreich
1996	Deutschland
1992	Dänemark
1988	Niederlande
1984	Frankreich
1980	Deutschland
1976	CSSR
1972	Deutschland
1968	Italien
1964	Spanien
1960	UdSSR

116

Champions League/ Europapokal der Landesmeister

Jahr	Titelgewinner
2006	FC Barcelona (ESP)
2005	FC Liverpool (ENG)
2004	FC Porto (POR)
2003	AC Mailand (ITA)
2002	Real Madrid (ESP)
2001	Bayern München (GER)
2000	Real Madrid (ESP)
1999	Manchester United (ENG)
1998	Real Madrid (ESP)
1997	Borussia Dortmund (GER)
1996	Juventus Turin (ITA)
1995	Ajax Amsterdam (NL)
1994	AC Mailand (ITA)
1993	Olympique Marseille (FRA)
1992	FC Barcelona (ESP)
1991	Roter Stern Belgrad (YU)
1990	AC Mailand (ITA)
1989	AC Mailand (ITA)
1988	PSV Eindhoven (NL)
1987	FC Porto (POR)
1986	Steaua Bukarest (ROM)
1985	Juventus Turin (ITA)
1984	FC Liverpool (ENG)
1983	Hamburger SV (GER)
1982	Aston Villa (ENG)
1981	FC Liverpool (ENG)
1980	Nottingham Forest (ENG)
1979	Nottingham Forest (ENG)
1978	FC Liverpool (ENG)
1977	FC Liverpool (ENG)
1976	Bayern München (GER)
1975	Bayern München (GER)
1974	Bayern München (GER)
1973	Ajax Amsterdam (NL)
1972	Ajax Amsterdam (NL)
1971	Ajax Amsterdam (NL)
1970	Feyenoord Rotterdam (NL)
1969	AC Mailand (ITA)
1968	Manchester United (ENG)
1967	Celtic Glasgow (SCO)
1966	Real Madrid (ESP)
1965	Inter Mailand (ITA)
1964	Inter Mailand (ITA)
1963	AC Mailand (ITA)
1962	Benfica Lissabon (POR)
1961	Benfica Lissabon (POR)
1960	Real Madrid (ESP)
1959	Real Madrid (ESP)
1958	Real Madrid (ESP)
1957	Real Madrid (ESP)
1956	Real Madrid (ESP)

Europapokal der Pokalsieger

Jahr	Titelgewinner
1999	Lazio Rom (ITA)
1998	FC Chelsea (ENG)
1997	FC Barcelona (ESP)
1996	Paris St. Germain (FRA)
1995	Real Saragossa (ESP)
1994	Arsenal London (ENG)
1993	AC Parma (ITA)
1992	Werder Bremen (GER)
1991	Manchester United (ENG)
1990	Sampdoria Genua (ITA)
1989	FC Barcelona (ESP)
1988	KV Mechelen (BEL)
1987	Ajax Amsterdam (NL)
1986	Dynamo Kiew (URS)
1985	FC Everton (ENG)
1984	Juventus Turin (ITA)
1983	FC Aberdeen (SCO)
1982	FC Barcelona (ESP)
1981	Dynamo Tiflis (URS)
1980	FC Valencia (ESP)
1979	FC Barcelona (ESP)
1978	RSC Anderlecht (BEL)
1977	Hamburger SV (GER)
1976	RSC Anderlecht (BEL)
1975	Dynamo Kiew (URS)
1974	1. FC Magdeburg (DDR)
1973	AC Mailand (ITA)
1972	Glasgow Rangers (SCO)
1971	FC Chelsea (ENG)
1970	Manchester City (ENG)
1969	Slovan Bratislava (CSR)
1968	AC Mailand (ITA)
1967	Bayern München (GER)
1966	Borussia Dortmund (GER)
1965	West Ham United (ENG)
1964	Sporting Lissabon (POR)
1963	Tottenham Hotspur (ENG)
1962	Atletico Madrid (ESP)
1961	AC Florenz (ITA)

UEFA-Pokal

Jahr	Titelgewinner
2006	Sevilla FC (ESP)
2005	CSKA Moskau (RUS)
2004	FC Valencia (ESP)
2003	FC Porto (POR)
2002	Feyenoord Rotterdam (NL)
2001	FC Liverpool (ENG)
2000	Galatasaray Istanbul (TUR)
1999	AC Parma (ITA)
1998	Inter Mailand (ITA)
1997	FC Schalke 04 (GER)
1996	Bayern München (GER)
1995	AC Parma (ITA)
1994	Inter Mailand (ITA)
1993	Juventus Turin (ITA)
1992	Ajax Amsterdam (NL)
1991	Inter Mailand (ITA)
1990	Juventus Turin (ITA)
1989	SSC Neapel (ITA)
1988	Bayer Leverkusen (GER)
1987	IFK Göteborg (SWE)
1986	Real Madrid (ESP)
1985	Real Madrid (ESP)
1984	Tottenham Hotspurs (ENG)
1983	RSC Anderlecht (BEL)
1982	IFK Göteborg (SWE)
1981	Ipswich Town (ENG)
1980	Eintracht Frankfurt (GER)
1979	Borussia Mönchengladbach (GER)
1978	PSV Eindhoven (NL)
1977	Juventus Turin (ITA)
1976	FC Liverpool (ENG)
1975	Borussia Mönchengladbach (GER)

1974	Feyenoord Rotterdam (NL)
1973	FC Liverpool (ENG)
1972	Tottenham Hotspurs (ENG)
1971	Leeds United (ENG)
1970	Arsenal London (ENG)
1969	Newcastle United (ENG)
1968	Leeds United (ENG)
1967	Dinamo Zagreb (CRO)
1966	FC Barcelona (ESP)
1965	Ferencvaros Budapest (HUN)
1964	Real Saragossa (ESP)
1963	FC Valencia (ESP)
1962	FC Valencia (ESP)
1961	AS Rom (ITA)
1960	FC Barcelona (ESP)
1958	FC Barcelona (ESP)

Deutsche Meisterschaften

Jahr	Titelgewinner
2006	Bayern München
2005	Bayern München
2004	Werder Bremen
2003	Bayern München
2002	Borussia Dortmund
2001	Bayern München
2000	Bayern München
1999	Bayern München
1998	1. FC Kaiserslautern
1997	Bayern München
1996	Borussia Dortmund
1995	Borussia Dortmund
1994	Bayern München
1993	Werder Bremen
1992	VfB Stuttgart
1991	1. FC Kaiserslautern
1990	Bayern München
1989	Bayern München
1988	Werder Bremen
1987	Bayern München
1986	Bayern München
1985	Bayern München
1984	VfB Stuttgart
1983	Hamburger SV
1982	Hamburger SV

1981	Bayern München
1980	Bayern München
1979	Hamburger SV
1978	1. FC Köln
1977	Borussia Mönchengladbach
1976	Borussia Mönchengladbach
1975	Borussia Mönchengladbach
1974	Bayern München
1973	Bayern München
1972	Bayern München
1971	Borussia Mönchengladbach
1970	Borussia Mönchengladbach
1969	Bayern München
1968	1. FC Nürnberg
1967	Eintracht Braunschweig
1966	TSV 1860 München
1965	Werder Bremen
1964	1. FC Köln
1963	Borussia Dortmund
1962	1. FC Köln
1961	1. FC Nürnberg
1960	Hamburger SV
1959	Eintracht Frankfurt
1958	FC Schalke 04
1957	Borussia Dortmund
1956	Borussia Dortmund
1955	Rot-Weiß Essen
1954	Hannover 96
1953	1. FC Kaiserslautern
1952	VfB Stuttgart
1951	1. FC Kaiserslautern
1950	VfB Stuttgart
1949	VfR Mannheim
1948	1. FC Nürnberg
1944	Dresdner SC
1943	Dresdner SC
1942	FC Schalke 04
1941	Rapid Wien
1940	FC Schalke 04
1939	FC Schalke 04
1938	Hannover 96
1937	FC Schalke 04
1936	1. FC Nürnberg
1935	FC Schalke 04
1934	FC Schalke 04

1933	Fortuna Düsseldorf
1932	Bayern München
1931	Hertha BSC
1930	Hertha BSC
1929	SpVgg Fürth
1928	Hamburger SV
1927	1. FC Nürnberg
1926	SpVgg Fürth
1925	1. FC Nürnberg
1924	1. FC Nürnberg
1923	Hamburger SV
1922	Hamburger SV
1921	1. FC Nürnberg
1920	1. FC Nürnberg
1914	SpVgg Fürth
1913	VfB Leipzig
1912	Holstein Kiel
1911	Viktoria 89 Berlin
1910	Karlsruher FV
1909	Phönix Karlsruhe
1908	Viktoria 89 Berlin
1907	Freiburger FC
1906	VfB Leipzig
1905	Union 92 Berlin
1903	VfB Leipzig

DFB Pokal

Jahr	Titelgewinner
2006	Bayern München
2005	Bayern München
2004	Werder Bremen
2003	Bayern München
2002	FC Schalke 04
2001	FC Schalke 04
2000	Bayern München
1999	Werder Bremen
1998	Bayern München
1997	VfB Stuttgart
1996	1. FC Kaiserslautern
1995	Borussia Mönchengladbach
1994	Werder Bremen
1993	Bayer Leverkusen
1992	Hannover 96
1991	Werder Bremen

1990	1. FC Kaiserslautern
1989	Borussia Dortmund
1988	Eintracht Frankfurt
1987	Hamburger SV
1986	Bayern München
1985	KFC Uerdingen 05
1984	Bayern München
1983	1. FC Köln
1982	Bayern München
1981	Eintracht Frankfurt
1980	Fortuna Düsseldorf
1979	Fortuna Düsseldorf
1978	1. FC Köln
1977	1. FC Köln
1976	Hamburger SV
1975	Eintracht Frankfurt
1974	Eintracht Frankfurt
1973	Borussia Mönchengladbach
1972	FC Schalke 04
1971	Bayern München
1970	Kickers Offenbach
1969	Bayern München
1968	1. FC Köln
1967	Bayern München
1966	Bayern München
1965	Borussia Dortmund
1964	TSV 1860 München
1963	Hamburger SV
1962	1. FC Nürnberg
1961	Werder Bremen
1960	Borussia Mönchengladbach
1959	Schwarz-Weiß Essen
1958	VfB Stuttgart
1957	Bayern München
1956	Karlsruher SC
1955	Karlsruher SC
1954	VfB Stuttgart
1953	Rot-Weiss Essen
1943	First Vienna
1942	TSV 1860 München
1941	Dresdner SC
1940	Dresdner SC
1939	1. FC Nürnberg
1938	Rapid Wien
1937	FC Schalke 04
1936	VfB Leipzig
1935	1. FC Nürnberg

FIFA — Weltfußballer des Jahres

Jahr	Titelgewinner
2006	Fabio Cannavaro
2005	Ronaldinho
2004	Ronaldinho
2003	Zinedine Zidane
2002	Ronaldo
2001	Luis Figo
2000	Zinedine Zidane
1999	Rivaldo
1998	Zinedine Zidane
1997	Ronaldo
1996	Ronaldo
1995	George Weah
1994	Romario
1993	Roberto Baggio
1992	Marco van Basten
1991	Lothar Matthäus
1990	Lothar Matthäus

UEFE — Europas Fußballer des Jahres

Jahr	Titelgewinner
2006	Fabio Cannavaro
2005	Ronaldinho
2004	Andrej Schevchenko
2003	Pavel Nedved
2002	Ronaldo
2001	Michael Owen
2000	Luis Figo
1999	Rivaldo
1998	Zinedine Zidane
1997	Ronaldo
1996	Matthias Sammer
1995	George Weah
1994	Hristo Stoichkov
1993	Roberto Baggio
1992	Marco van Basten
1991	Jean Pierre Papin

1990	Lothar Matthäus
1989	Marco van Basten
1988	Marco van Basten
1987	Ruud Gullit
1986	Igor Belanov
1985	Michel Platini
1984	Michel Platini
1983	Michel Platini
1982	Paolo Rossi
1981	Karl-Heinz Rummenigge
1980	Karl-Heinz Rummenigge
1979	Kevin Keagan
1978	Kevin Keagan
1977	Allan Simonsen
1976	Franz Beckenbauer
1975	Oleg Blochin
1974	Johann Cruyff
1973	Johann Cruyff
1972	Franz Beckenbauer
1971	Johann Cruyff
1970	Gerd Müller
1969	Gianni Rivera
1968	George Best
1967	Florian Albert
1966	Bobby Charlton
1965	Eusebio
1964	Dennis Law
1963	Lev Jaschin
1962	Josef Masopust
1961	Omar Sivori
1960	Luis Suarez
1959	Alfredo di Stefano
1958	Raymond Kopa
1957	Alfredo di Stefano
1956	Sir Stanley Matthews

DFB — Deutschlands Fußballer des Jahres

Jahr	Titelgewinner
2006	Miroslav Klose
2005	Michael Ballack
2004	Ailton

2003	Michael Ballack
2002	Michael Ballack
2001	Oliver Kahn
2000	Oliver Kahn
1999	Lothar Matthäus
1998	Oliver Bierhoff
1997	Jürgen Kohler
1996	Matthias Sammer
1995	Matthias Sammer
1994	Jürgen Klinsmann
1993	Andreas Köpke
1992	Thomas Häßler
1991	Stefan Kuntz
1990	Lothar Matthäus
1989	Thomas Häßler
1988	Jürgen Klinsmann
1987	Uwe Rahn
1986	Toni Schumacher
1985	Hans-Peter Briegel
1984	Toni Schumacher
1983	Rudi Völler
1982	Karl-Heinz Förster
1981	Paul Breitner
1980	Karl-Heinz Rummenigge
1979	Berti Vogts
1978	Sepp Maier
1977	Sepp Maier
1976	Franz Beckenbauer
1975	Sepp Maier
1974	Franz Beckenbauer
1973	Günter Netzer
1972	Günter Netzer
1971	Berti Vogts
1970	Uwe Seeler
1969	Gerd Müller
1968	Franz Beckenbauer
1967	Gerd Müller
1966	Franz Beckenbauer
1965	Hans Tilkowski
1964	Uwe Seeler
1963	Hans Schäfer
1962	Karl-Heinz Schnellinger
1961	Max Morlock
1960	Uwe Seeler

Bibliographische Information der Deutschen Bibliothek

Die Deutsche Bibliothek verzeichnet diese Publikation in der Deutschen Nationalbibliographie; detaillierte bibliographische Daten sind im Internet über http://dnb.ddb.de abrufbar.

BLV Buchverlag GmbH & Co. KG

80797 München

© 2007 BLV Buchverlag GmbH & Co. KG, München

Das Werk einschließlich aller seiner Teile ist urheberrechtlich geschützt. Jede Verwertung außerhalb der engen Grenzen des Urheberrechtsgesetzes ist ohne Zustimmung des Verlags unzulässig und strafbar. Das gilt insbesondere für Vervielfältigungen, Übersetzungen, Mikroverfilmungen und die Einspeicherung und Verarbeitung in elektronischen Systemen.

Bildnachweis:
Alle Fotos Ulli Seer außer:
Baader, Pressefoto: S. 7, 10, 21, 28, 29, 34, 35, 36, 52, 54 o., 72, 75, 79, 80, 81, 84, 87, 88
Bongarts: S. 6, 14, 125
Cinetext: S. 15
Getty Images: S. 54 u., 63, 77
Haist, Oryk: S. 18, 19, 20, 27, 58
Imago Sportfotodienst: S. 70
Ullstein: S. 12, 86, 94/95

Hinweis

Das vorliegende Buch wurde sorgfältig erarbeitet. Dennoch erfolgen alle Angaben ohne Gewähr. Weder Autor noch Verlag können für eventuelle Nachteile oder Schäden, die aus den im Buch vorgestellten Informationen resultieren, eine Haftung übernehmen.

Umschlaggestaltung: Sabine Fuchs, fuchs_design, Ottobrunn
Umschlagfotos:
Umschlagvorderseite: Pressefoto Baader
Umschlagrückseite: Ulli Seer re. + li., Bongarts Mitte
Grafiken: Jörg Mair
Nico/Nicola: Jan Gulbransson

Lektorat: Maritta Kremmler, Martina Gorgas
Herstellung: Ruth Bost
Layoutkonzept Innentei : fuchs_design, Ottobrunn
Layout und Satz: Uhl + Massopust, Aalen

Gedruckt auf chlorfrei gebleichtem Papier

Printed in Germany
ISBN 978-3-8354-0131-0

Eine kleine Auswahl aus unserem grossen Programm

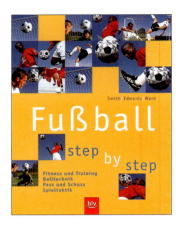

Dave Smith/Pete Edwards/Adam Ward
Fußball step by step
Schritt für Schritt vom Einsteiger zum Fußball-Virtuosen: Training, Grund- und Ballfertigkeiten, Passtechniken, Torabschluss, Taktik, Spielsysteme, Mannschaftsaufstellungen, Regeln usw.
ISBN 978-3-405-16029-6

Michael Hahn
Schwimmen
Grundlagen, Ausrüstung, Techniken und Lernweg; Brust-, Kraul-, Rücken- und Schmetterlingsschwimmen; Startsprünge, Wenden, Lagenschwimmen; Training, Schwimmen für die Gesundheit.
ISBN 978-3-405-16684-7

Frédéric Delavier
Der neue Muskel-Guide
Jetzt noch stärker – der Bestseller, überarbeitet und mit Beilage-Poster: Funktion der Muskelbereiche und gezieltes Training der einzelnen Muskelgruppen, visualisiert mit einzigartig präzisen anatomischen Zeichnungen.
ISBN 978-3-8354-0014-6

Bernd Neumann
Laufen mit der Pulsuhr
Der richtige Einsatz der Pulsuhr, Laufgrundlagen, die geeigneten Schuhe, Gesundheitscheck, Trainingspläne für jeden Läufertyp und für individuelle Ziele; mit einem 10 Euro-Einkaufsgutschein für eine Sportuhr von POLAR.
ISBN 978-3-8354-0123-5

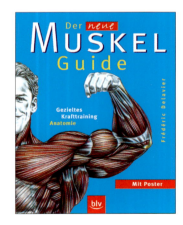

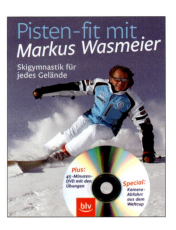

Markus Wasmeier
Pisten-fit mit Markus Wasmeier
Das beste Training, der beste Trainer: mit Markus Wasmeier fit für die Piste; Skigymnastik – abgestimmt auf die verschiedenen Schnee- und Geländesituationen – für Carver, Genuss-Skifahrer, Telemarker, Snowboarder, Langläufer.
ISBN 978-3-8354-0153-2

Thomas Raach
Nordic Cruising
Die Spaß- und Wohlfühlvariante des Skilanglaufs: gesundheitliche Aspekte; Ausrüstung, Techniken, Gleiten, Balance halten, Cruising-Schritte, Abfahrts- und Bremstechniken; abseits der Loipe.
ISBN 978-3-8354-0170-9

Michael Schrittwieser/Egon Theiner
Basketball
Das fundierte Lehrbuch: Basketball für Einsteiger und Könner, für Nachwuchstrainer und Fans; Geschichte, Ausrüstung, Technik, Streetball, Trainingslehre, NBA, Dirk Nowitzki, Taktik, Regeln usw.
ISBN 978-3-405-16727-1

Peter Konopka
Radsport
Radsport total – das komplette Knowhow: das völlig überarbeitete Standardwerk, perfekt aufbereitet, fundiert und aktuell, mit Insiderwissen aus erster Hand und speziellen Trainingstipps für Einsteiger und Könner.
ISBN 978-3-8354-0032-0

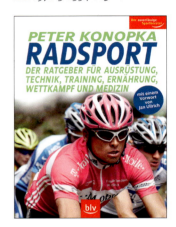

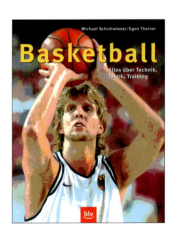

Die zuverlässigen Berater

BLV Bücher bieten mehr:
- mehr Wissen
- mehr Erfahrung
- mehr Innovation
- mehr Praxisnutzen
- mehr Qualität

Denn 60 Jahre Ratgeberkompetenz sind nicht zu schlagen!

Unser Buchprogramm umfasst über 750 Titel zu den Themen

Garten · Natur · Heimtiere · Jagd · Angeln · Sport · Golf · Reiten · Alpinismus · Fitness · Gesundheit · Kochen.

Ausführliche Informationen erhalten Sie unter www.blv.de

Dass Sie sich gut beraten fühlen – das ist unser Ziel. Falls Sie Fragen und/oder Anregungen haben, schreiben Sie uns bitte:

BLV Buchverlag GmbH & Co. KG
Lektorat · Lothstraße 19
80797 München
Postfach 40 02 20
80702 München
Telefon 089/12 02 12-0 · Fax -121
E-mail: blv.verlag@blv.de

blv — Mehr erlesen!